KB272003

말씀으로 남은 사람

말씀으로 남은 사람

POSTHUMOUS DEVOTIONAL ESSAYS

말씀으로 남은 사람

정종국 목사 유고 묵상집

평생을 농어촌 교회에서
하나님을 섬기신 목사님의
남겨진 글들

WRITTEN BY

정종국

작가교실

정종국 목사님

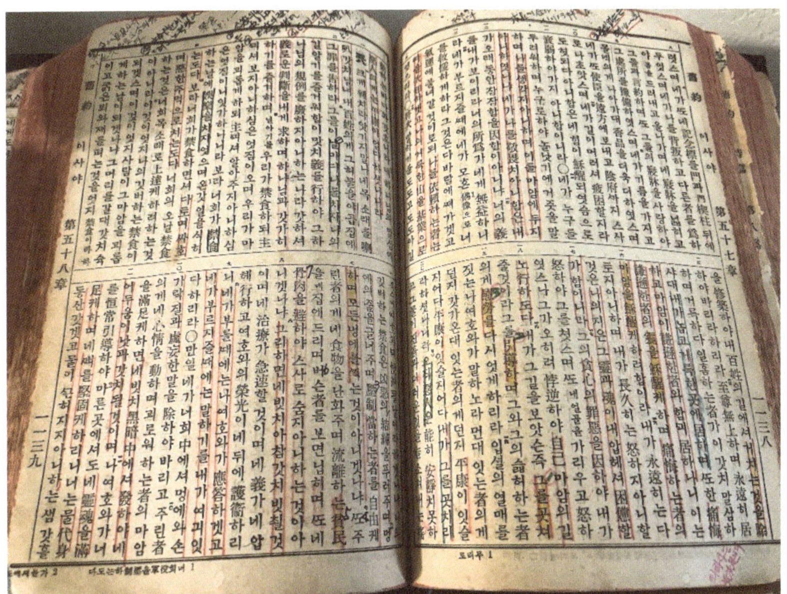

아버님이 읽으시던 성경은 1940년 〈조선성서공회〉에서 발행한 신구약 성경입니다. 평생 이 성경을 읽고 또 읽으며 묵상하셔서 너덜너덜 해지도록 책을 보셨기에 컴퓨터처럼 성경 말씀을 찾아 알려 주시곤 했습니다.

하나님의 영이 감사 주신다 (벧전 4:14).

그리스도인이라는 것 때문에 제목으로 목록은 당하거든 행복해 하십시오 (현대어 번역) 예수님은 "은혜은 일은 하다가 박해받는 사람들은 행복하다 하늘나라가 그들의 것이다 나의 제자라는 이유로 모욕당하고 박해받고 터무니없는 말로 비난 받을때 너희는 행복 하다 그럴때 행복하고 즐거워 하라 너희가 받을 상이 하늘에 마련되어 있다 (마 5:10~28) 개역번역에는 "너희 상이 큼이라" 라고 하였읍니다.

예수를 믿는다고 해서 욕먹고 집밖 벗고 거짓으로 악반을 듣는 일은 결코 상쾌한 일은 아니다. 그런데 예수께서는 "너희가 복 있나니 기뻐 하고 즐거워하라. 하늘의 돼 天國 이다 는 큰 보상이 기러리고 있기 때문입니다.

주님께서 허락하신 상급은 큽니다 상급을 조소하는이가 있으나 그것이 없다면 양의 의욕 없게 됩니다

그리스도게서 허락하실 상은 하나님 앞에 영원히 있는 것이니 버반을 받으면서도 여전히 행복 함을 감사 할수 있는것이 그리스도 인에 특권입니다

그리스도로 멀리 인하 사람들의 버반이 많으면 많을수록 하나님은 그를 감싸고 그의 위에 머므시는 것입니다

버반은 사람에게서오고 모욕은 하나님께로 부터 오십니다 주를 위한 고반뿐 아니라 "주안에서 죽는 자도 福되도다.(계 14) 최고의 기쁨과 행복이라고 합니다 그 약속은 안식 입니다. 노고에서 쉬겠읍니다 할렐루야!

고욕이 끝나고 이르것 처럼 우래한 일은 없읍니다 노력후시 잠, 풍파 후시 항구 전쟁후시 평온. 생후시 죽엄은 기쁜 소식 입니다 싸움이 격렬이 였을수록 승급이 혹심 했을수록 노고가 심하면 심 했을스록 하후시 즐거움은 더 크고 報償은 더 많을것입니다

정종국 목사님 자필 원고

불 같은 시련을 비극으로 생각할 필요는 없읍니다
하나님의 경륜에는 비극이란 없읍니다 하나님의 세상에는
우연이란 있을수 없고 생기는 사건에 完全한 손실이
있을수 없읍니다
'하나님을 사랑하고 하나님의 계획에 맞게 살아가기만 하면
모든 일이 유익한 것임을 우리는 알고 있읍니다 (롬8:28)
시련은 테스트 입니다. 도가니는 금은을 태우지 않고 잡물을
태워 버립니다 예수 그리스도와 그의 일과 목력을 위해
고난을 받는 자들은 자기 믿음의 테스트로 알고 용기를
내야 할것입니다 .
불속의 집이 비 바람이 부는것 마찬 가지요 악욕과 즉망이들
가오는 거칠과 같고 정강이 얼매를 위해 잔서 경계 하신그
같읍니다 시련은 약령을 드러내고 품성을 강화 시키며
숨은 능력을 발랍 식히는 것입니다
견인 의구에 信仰을 가지고 고난을 극복 하는 신자에게
座嶽은 언제나 함께 하십니다
성령께서 항상 함께 하시는 은혜가 우리 이야기 가족
모두에게 차고 넘치시가을 니사랏 예수 이름으로 축원
합니다 .
          할렐루아! 아멘.

정종국 목사님 자필 원고

이 책은 2008년 12월 5일 소천하신 故 정종국 목사님의 신앙 여정을 기념하며 그분이 남기신 5~7분 설교 말씀 70여 편을 모아 엮은 것입니다.

목사님은 서울과 황해도 옹진을 거쳐 1959년부터 27여 년간 시흥시 군자감리교회에서 시무하셨고, 자원은퇴 이후 미국으로 이민하여 2008년 소천하시기까지 이민교회를 섬기며 살아오셨습니다. 그 가운데서도 목사님은 평생 성경 말씀을 사랑하고 붙들고 살아오셨으며, 남은 여정 가운데에는 손수 써 내려간 말씀 글들이 남겨져 있습니다.

목사님이 전해주신 이 글들은, 성경 한 구절 한 구절을 깊이 되새기며 삶 속에서 그 말씀을 따라 살고자 몸부림치셨던 믿음의 기록이며, 동시에 오늘을 살아가는 우리에게도 여전히 살아 움직이는 하나님의 말씀이 되기를 소망하며 엮었습니다.

그분의 손때 묻은 말씀 노트는 지금도 누렇게 바래어 있지만, 그 속에 담긴 믿음과 감사와 사랑과 소망은 더욱 선명하게 다가옵니다.

우리는 이 책의 제목을 "말씀으로 남은 사람"이라 붙였습니다. 이는 목사님께서 남기신 흔적이 단지 글이나 기억으로 남는 것이 아니라, 그분의 삶 자체가 말씀 안에 머물렀고, 말씀을 따르는 사람이었음을 고백하는 것입니다. 주님 안에서 말씀으로 살아내신 그 발자취가 우리 모두에게 신앙의 유산이 되기를 소망합니다.

이 책은 총 여섯 개의 주제로 나누어 정리하였습니다. 각 주제 안에는 고인이 전하신 말씀이 10여 편씩 실려 있으며, 그 끝에는 짧은 기도문을 실어 소그룹이나 가족 모임 등에서도 함께 읽고 나눌 수 있도록 구성하였습니다.

이 작은 책이 한 사람의 삶을 통해 말씀의 은혜를 다시금 되새기게 하고, 오늘을 살아가는 우리 모두에게도 하나님의 말씀이 살아 역사하시는 체험이 되기를 기도합니다.

2025년 12월
자녀 일동

| 차례 |

6부. 말씀으로 남은 사람

1부

믿음의 뿌리를 내리다

서문

믿음은 눈에 보이지 않지만 삶을 지탱하는 가장 깊은 뿌리입니다. 정종국 목사님은 평생을 하나님 말씀 위에 자신과 가족, 그리고 교회를 세워오셨습니다.

이 장에서는 신앙의 여정 가운데 하나님을 향한 믿음의 고백이 어떻게 삶의 뿌리가 되었는지를 보여주는 글들을 담았습니다. 작은 씨앗 같은 믿음이 어떻게 광야의 거친 바람을 이기고 깊게 뿌리내리는지를 묵상하며, 우리 또한 그 믿음의 유산에 참여하기를 소망합니다.

01
심은 대로 거두리라 (갈6:7)

"사람이 무엇으로 심든지 그대로 거두리라."
(갈라디아서 6:7)

바울 사도는 아주 분명하게 말합니다.

"무엇을 심든지 그대로 거두게 된다."

콩을 심으면 콩이 나고, 팥을 심으면 팥이 납니다. 누구나 아는 이 단순한 진리를 우리는 종종 잊고 삽니다.

사람들은 때때로 콩을 심고도 팥을 거두려 합니다.

하지만 삶은 그렇게 되지 않습니다.

선을 심으면 선한 열매가, 악을 심으면 결국 고통과 후회가 따릅니다.

성경은 우리에게 이렇게 권합니다.

"기회 있는 대로 모든 사람에게 착한 일을 하라.

더욱이 믿음의 식구들에게 하라."

선한 일을 하는 사람은 성경대로 사는 사람입니다.

남을 위하여 사는 삶, 바로 그것이 참된 이웃의 길이며, 그런 사람은 때가 이르면 하나님께서 예비하신 축복의 열매를 거두게 될 것입니다.

오늘 내가 무엇을 심느냐가 내일의 열매를 결정합니다.

지금 이 순간의 선택이 미래를 만들어 갑니다.

오늘도 착한 일을 심는 하루가 되시기를 바랍니다.

하나님은 반드시 정하신 때에 그 수고를 갚으실 것입니다.

기도

주님,
오늘도 성령께서 저와 함께 하셔서,
좋은 것을 심고 바른 길을 걸을 수 있도록 이끌어 주소서.

예수님의 이름으로 기도드립니다. 아멘.

02
신앙생활의 기초 (잠언16:1-3)

사람은 스스로 계획을 세우고 준비하지만,
결정하시고 인도하시는 분은 하나님이십니다.

기도하며 마음에 뜻을 품고 길을 가지만,
진정 하나님을 신뢰하는 자를 하나님께서 지도하십니다.

잠언 16장 9절은 이렇게 말합니다.
"사람은 마음으로 자기 길을 계획하지만 그의 걸음을 인도하시는
이는 여호와시니라."

사람이 주사위를 던질 수는 있지만
결과를 결정하시는 분은 하나님이십니다.
우리의 양심이 옳다고 여기는 일이 있다 해도,
하나님 앞에서 비춰보지 않는 양심은

소경이 소경을 인도하는 것과 같을 뿐입니다.

하나님께 순종하며
우리가 하려는 모든 일들을 전적으로 주님께 맡길 때,
그 뜻은 하나님 안에서 성취됩니다.

"네 짐을 여호와께 맡겨라.
그가 너를 붙들어 주실 것이다." (시편 55:22)

"네 길을 여호와께 맡기고 그를 의지하라.
그가 이루시리로다." (시편 37:5)

우리는 하나님 앞에 우리의 뜻을 가지고 나아가
그 뜻이 하나님의 뜻과 일치되기를 구해야 합니다.
그리고 겸손히 복종해야 합니다.

그럴 때
하나님께는 영광이 되고,
다른 사람들에게는 덕이 되며,
내 삶에는 보람이 넘칩니다.

삶이 고되고 현실이 불확실하더라도

신앙생활의 기초를 하나님께 두고,
하루하루를 말씀에 순종하며 힘차게 살아가시기를
주 예수 그리스도의 이름으로 축원합니다.

고마우신 하나님,
오늘도 말씀을 묵상하게 하시니 감사합니다.
내 뜻을 가지고 하나님 앞에 나아오니
하나님의 뜻과 일치되게 하시고,
나는 그 뜻에 겸손히 복종하며 살아가게 하소서.

오늘 하루의 삶이
하나님께는 영광이 되고,
이웃에게는 덕이 되며,
내게는 기쁨과 보람이 넘치게 하소서.

예수님의 거룩하신 이름으로 기도드립니다. 아멘.

03
전진하는 신앙 (딤후4:7-8)

"나는 선한 싸움을 싸우고, 달려갈 길을 마치고, 믿음을 지켰습니다.
이제는 나를 위하여 의의 면류관이 준비되어 있습니다.
주 곧 의로우신 재판장께서 그 날에 내게 주실 것이며,
내게만 아니라 주의 나타나심을 사모하는 모든 사람에게도 주실 것입니다."
(디모데후서 4:7-8)

하나님의 은혜 가운데,
우리는 새해(당시 1996년)를 맞이했습니다.

미국의 부통령을 지냈고,
한국전쟁 당시 우리나라를 시찰했던 바클리(Barkley)라는 정치인
이 자신의 과거를 회상하며 이렇게 말했습니다.

"나는 과거에 마차꾼이었습니다.
가끔 사람들은 그 사실을 깔보며 묻기도 하지만,
나는 오히려 그 과거를 자랑스럽게 여깁니다.
나는 단순한 마차꾼으로 끝나지 않고 오늘의 이 자리까지 왔습니
다.
그만큼 나 자신을 발전시키고 전진했기 때문입니다.

반면에 부잣집 아들이나 고관대작의 자식으로 태어나
아무런 진보 없이 그대로 머문 사람들을 나는 경멸합니다.”

정말 그렇습니다.
전진하고 발전하고 진보하는 삶만이 자랑할 수 있는 것입니다.
좋은 환경에서 태어났다고 해서 그 자체가 자랑이 되지는 않습니다.

사도 바울은 오늘 본문에서 이렇게 고백합니다.
“나는 선한 싸움을 다 싸웠고,
달릴 길을 다 달렸으며,
믿음을 끝까지 지켰습니다.
이제는 주님께서 나를 위하여 의의 면류관을 예비하셨습니다.”

그 면류관은 바울만을 위한 것이 아닙니다.
주님의 다시 오심을 사모하며 달려가는 모든 사람에게 주실 것입니다.

그러므로 우리도 멈추지 말고 전진합시다!
올 한 해도 퇴보하지 말고,
믿음으로 용감하게 매진합시다!

하나님께서 모세에게 말씀하셨습니다.

"내가 정녕 너와 함께 있으리라."(출애굽기 3:12)
공동번역에는 이렇게 표현되어 있습니다.
"내가 너의 힘이 되어 주겠다."

하나님께서 나와 함께하시고,
나의 힘이 되어 주신다면
우리는 주저할 이유가 없습니다.
믿음으로 전진! 또 전진!

신앙에는 후퇴라는 단어가 없습니다.
올 한 해도
주님과 함께 힘 있게 전진하여
승리하는 해가 되기를 소망합니다.

할렐루야!

04
하나님을 찾으라 (호세아 10:12-16)

"너희는 자기를 위하여 의를 심고 긍휼을 거두라.
지금이 곧 여호와를 찾을 때니 너희 묵은 땅을 기경하라.
마침내 여호와께서 임하사 의를 비처럼 너희에게 내리시리라.
너희는 악을 밭갈아 죄를 거두고 거짓 열매를 먹었나니
이는 네가 네 길과 네 용사의 많음을 의뢰하였음이라.
그러므로 너희 백성 중에 요란함이 일어나며 네 산성들이 다 무너질 것이다.
그날, 어미와 자식이 함께 부서질 것이다.
이스라엘 왕이 새벽에 멸망하리라." (호세아 10:12-15)

우리나라 속담에

"우수·경칩이 지나면 대동강이 풀리고, 개구리 입이 열린다"는 말이 있습니다. 3월은 '기경의 달'–땅을 갈고 씨를 뿌리는 계절입니다.

하나님께서는 우리에게도 말씀하십니다.

"묵은 땅을 갈아 엎고, 정의를 심으라.

사랑의 열매를 거두라.

지금은 여호와를 찾을 때이다.

그리하면 여호와께서 오셔서 의를 비처럼 너희에게 내려주시리라." (호세아 10:12, 공동번역)

예레미야도 이렇게 외칩니다.

"묵은 땅을 갈고, 가시덤불 속에 씨를 뿌리지 말라." (예레미야 4:3)

하나님은 우리의 마음을 열고,

그분이 주시는 복을 받아들이기를 원하십니다.

1. 의를 심고, 긍휼을 거두라

하나님은 오늘도 말씀하십니다.

"자기를 위하여 의를 심고, 긍휼을 거두라."

심기 전에 먼저 해야 할 일이 있습니다.

그것은 "묵은 땅을 기경하는 일",

곧 회개하고 마음을 새롭게 하는 일입니다.

이스라엘은 한때 바람을 심고 광풍을 거두었습니다 (호세아 8:7).

우상과 불의를 의지하던 그들의 삶은

결국 하나님의 심판을 초래했습니다.

그러나 이제는 방향을 바꾸어야 합니다.

정의와 긍휼을 심을 때,

하나님은 의의 비를 우리 삶에 부어주실 것입니다.

개인적으로도 축복을 경험하게 되고,

공동체적으로도 신앙의 부흥이 임하게 될 것입니다.

하나님의 은혜는 놀랍습니다.
"그의 인자하심은 영원하다"(시편 106:1) 하셨지만,
하나님은 회개 없는 자를 억지로 용서하시지는 않습니다.

예수님도 십자가 위에서 이렇게 기도하셨습니다.
"아버지여, 저들을 사하여 주옵소서." (누가복음 23:34)

그러나 진정한 용서는
회개하는 자에게 임하는 것임을 기억해야 합니다.
탕자는 먼 나라에 머무르면서
동시에 아버지 집에 있을 수 없었습니다.
그는 옛 삶을 끊고 돌아올 때,
비로소 아버지의 용서를 받았습니다.

오늘 우리 마음에도
하나님을 향한 사랑과 회개의 마음으로 가득 채웁시다.

2. 전적인 신뢰

"심는 대로 거두는 것",
이것은 단순하지만 분명한 진리입니다.

의를 심으면 의의 열매를 거두고,

악을 심으면 악한 열매를 거두게 됩니다.

하지만 사람들은 종종

나쁜 씨를 심고 좋은 열매를 기대하는 어리석음을 반복합니다.

이스라엘 백성도 마찬가지였습니다.

자신들의 힘과 용사들을 의지하다가

결국 모든 산성과 요새가 무너지는 심판을 맞이했습니다.

자신의 능력을 신뢰한 결과,

자신이 아무 힘도 없음을 알게 된 것입니다.

하나님은 우리가 의지하던 것들을

조금씩 모두 없애실 수도 있습니다.

왜냐하면 우리로 하여금,

하나님 한 분만을 의지하게 하시기 위함입니다.

오늘, 하나님을 찾으십시오.

묵은 마음을 갈아엎고,

의의 씨앗을 심고,

긍휼을 기대하며 살아가십시오.

하나님만이 소망입니다.

주님,
오늘도 나의 마음을 새롭게 하여
묵은 땅을 갈게 하시고,
오직 주님만 의지하게 하소서.

내 삶에 정의를 심게 하시고,
긍휼의 열매를 거두게 하소서.
어떤 상황에서도
하나님만을 찾고 신뢰하며 살게 하소서.

예수 그리스도의 이름으로 기도합니다. 아멘.

05
성숙한 교인 (마5:48)

사람이 성숙한 인격을 가지려면 감정, 지성, 의지가 균형 있게 자라야 하듯, 성숙한 그리스도인이 되기 위해서도 하늘 아버지의 완전하심을 본받아야 합니다.

그렇다면 성숙한 교인이 되기 위해 우리는 어떤 삶을 살아야 할까요?

1. 눈을 들어 하나님을 바라보는 삶

우리의 하루하루는 하나님을 바라보는 시선에서 시작되어야 합니다.

어느 날 한 소녀가 아버지를 따라 산을 오르기 시작했습니다. 처음엔 힘차게 앞서가며 즐겁게 걸었지만, 산길이 험해지고 오르막이 가팔라지자 지치기 시작했습니다. 결국 소녀는 아버지의 손에 이끌

려서야 정상까지 오를 수 있었습니다.

우리의 신앙 여정도 이와 같습니다.

스스로 정상까지 오를 수 없습니다.

"아버지"를 의지할 때 우리는 넘어지지 않고 나아갈 수 있습니다.

산상수훈에서 반복되는 주제는 바로 "하늘에 계신 아버지"입니다.

날마다 하나님 아버지를 바라볼 때, 우리의 믿음도 점점 성숙해집니다.

2. 예수님을 바라보는 삶

히브리서 12장 2절은 말합니다.

"믿음의 창시자요 완성자이신 예수님을 바라보자."

예수님을 바라보는 순간, 우리는 그분의 삶 속에서 진리를 발견하게 됩니다. 그 진리 안에서 우리는 영원한 생명을 얻습니다.

예수님께서는 이렇게 말씀하셨습니다.

"나는 너희에게 영생을 준다. 그러므로 너희는 영원히 죽지 않을 것이며, 아무도 너희를 내 손에서 빼앗아 가지 못할 것이다." (요한복음 10:28)

오늘도 예수님을 바라보며 살아가십시오.

그분을 바라보다 보면, 결국 그분을 닮아가게 될 것입니다.

3. 말씀에 뿌리를 내리는 삶

성숙한 신앙인은 말씀에 뿌리를 내린 사람입니다.

사도 바울은 이렇게 기도했습니다.
"믿음으로 말미암아 그리스도께서 너희 마음에 계시게 하시고, 너희가 사랑 가운데서 뿌리를 박고 터가 굳어지기를 구하노라." (에베소서 3:17)

또한 골로새서 2장 6절에서도 말합니다.
"예수 그리스도를 주로 받았으니, 그 안에 뿌리를 내리고 믿음을 굳건히 하라."

햇볕이 내리쬘 때, 뿌리가 깊은 식물은 쉽게 마르지 않습니다.
오히려 더 푸르고 튼튼하게 자라납니다.

하나님의 말씀 안에 깊이 뿌리내릴 때, 우리는 풍성한 열매를 맺게 됩니다.
이 은혜가 오늘 이 말씀을 읽는 모든 분들께 함께 하기를 주님의 이름으로 축원합니다.

은혜가 풍성하신 하나님,
주께서 주신 믿음 안에서 자라
성숙한 교인이 되게 하소서.

하늘을 바라보게 하시고,
예수님을 닮아가게 하시며,
말씀 안에 믿음의 뿌리를 깊이 내리게 하셔서
아름답고 귀한 열매를 많이 맺게 하소서.

예수님의 이름으로 기도드립니다. 아멘.

06
성장하는 신앙 (막4:26−29)

신앙의 성장은 점진적입니다.

하나님의 나라는 곧 씨를 뿌리고 자라나는 과정과 같다고 예수님은 비유로 말씀하셨습니다.

그 말씀 안에는 우리 믿음의 성장이 어떻게 이루어지는지가 담겨 있습니다.

1. 먼저 말씀을 잘 들어야 합니다

예수님께서는 자주 이렇게 말씀하셨습니다.

"들을 귀가 있는 자는 들으라." (막 4:9)

사도 요한도 아시아의 일곱 교회에 편지를 쓰며 반복해서 강조했습니다.

"성령이 교회들에게 하시는 말씀을 들을지어다."(계 2:7)

하나님께서도 말씀하십니다.
"하늘이여 귀를 기울이라 내가 말하리라.
땅이여 들으라 내가 입을 열리라.
나의 교훈은 비처럼 내리고,
나의 말씀은 이슬처럼 맺히며,
풀 위에 내리는 가는 비와 채소 위에 내리는 단비 같으리라."(신 32:1-2)

하나님의 말씀은 부드럽고, 조용하지만 강력한 생명의 능력입니다. 그러니 무엇보다도 우리는 하나님의 말씀을 잘 듣고, 귀 기울여야 합니다.

2. 신앙은 서서히, 그러나 분명히 자랍니다

예수님은 "처음에는 싹이요"라고 말씀하셨습니다.
신앙의 시작은 작고 연약합니다.
믿음, 사랑, 기쁨, 소망… 처음에는 다 작고 흔들릴 수 있습니다.

그러나 낙심하지 마십시오.
하나님은 이슬처럼, 가는 비처럼, 단비처럼 은혜를 고루 내리시는 분이십니다.

은혜의 역사에는 반드시 열매가 따릅니다.

주님이 뿌리신 말씀의 씨가 자라
이삭을 만들고,
그 안에 알찬 곡식을 맺고,
마침내는 추수의 때를 맞이하게 됩니다.
그 추수는 영광스러운 천국의 수확입니다.

예수님은 이렇게 약속하셨습니다.
"그 때에 그가 큰 나팔 소리와 함께 천사들을 보내리니
저희가 그의 택하신 자들을 하늘 이 끝에서 저 끝까지 사방에서
모으리라." (마태복음 24:31)

3. 당신의 믿음은 지금 자라고 있습니까?

다음 네 가지 질문에 자신 있게 "예"라고 대답할 수 있습니까?

당신의 마음밭에 하나님의 말씀이 심겨져 있습니까?
성경에 있는 말씀을 마음으로 받아들이셨습니까?
당신 안에 심긴 말씀의 씨가 지금 자라고 있습니까?
마지막 날에 영광스러운 열매로 하나님께 드려질 것을 믿고 있습니까?

이 네 가지에 대해 확신 있게 "네!"라고 말할 수 있다면,

천국에 대한 확신을 가지셔도 좋습니다.

그러나 아직 망설여지거나 자신 없다면,

계속해서 하나님의 은혜의 비를 구하십시오.

하나님은 자라나는 싹을 포기하지 않으십니다.

작고 연약해 보여도, 은혜는 계속됩니다

작은 싹, 흔들리는 믿음… 괜찮습니다.

하나님은 우리를 아시고, 자라게 하실 준비가 되어 있으십니다.

이슬과 같은 은혜, 가는 비와 같은 은혜, 단비 같은 은혜를

아침 저녁으로,

끊임없이 우리 삶에 내려주십니다.

하나님의 말씀의 씨는 결코 헛되지 않습니다.

언젠가는 반드시 열매를 맺고,

그 열매는 하나님의 영광스러운 추수의 때에 드려질 것입니다.

하나님 아버지,
주께서 뿌리신 말씀의 씨가 내 마음 속에 자라고 있습니다.
그런데 아직은 너무 작고, 너무 연약합니다.
오늘도 이슬 같은 은혜, 가는 비 같은 은혜,
단비 같은 은혜로 내 마음을 적셔 주옵소서.
자라게 하시고, 열매 맺게 하소서.
마침내 하나님의 나라 창고에 들려질 열매 되게 하소서.

예수님의 이름으로 기도드립니다. 아멘.

07
신령한 것 (고전2:10)

성령의 눈으로 보아야 비로소 보입니다

사람의 마음을 알 수 있는 이는 오직 그 마음 안에 있는 영뿐입니다.

마찬가지로 하나님의 깊은 뜻과 계획(경륜)을 알 수 있는 분은
하나님의 영, 곧 성령뿐입니다.

우리는 이 세상이 주는 영이 아니라
하나님께서 주시는 성령을 받았습니다.
그로 인해 우리는
하나님이 우리에게 베푸신 은혜의 선물들을
깨닫고 알게 되었습니다.

이것이 바로 신령한 것입니다.
그리고 신령한 것은 오직 성령으로만 알 수 있습니다.

하나님의 비밀, 십자가
십자가는 세상의 눈으로 보면
미련하고 어리석은 것처럼 보일 수 있습니다.
그러나 그것은 하나님의 비밀이며 능력입니다.
성령의 눈으로만 그 가치를 볼 수 있습니다.

예수님께서
"주는 그리스도시요 살아계신 하나님의 아들이십니다"라는 베드로의 고백에 대해 이렇게 말씀하셨습니다.
"바요나 시몬아, 이것을 네게 알게 한 이는 혈육이 아니라 하늘에 계신 내 아버지시니 너는 복이 있도다."

즉, 참된 깨달음은 인간의 지혜가 아니라
성령의 계시로 말미암은 것입니다.

성령은 '모든 것'을 가르치십니다
예수님은 약속하셨습니다.
"보혜사 곧 아버지께서 내 이름으로 보내실 성령,
그가 너희에게 모든 것을 가르치고
내가 너희에게 말한 모든 것을 생각나게 하리라." (요한복음 14:26)

이 '모든 것' 속에는

이해되지 않던 말씀,

잊고 지냈던 진리,

위기 속에서 필요했던 하나님의 뜻,

이 모두가 포함됩니다.

성령은 단순한 감동이나 분위기가 아닙니다.

하나님의 진리를 해석하고 전달하시는 인격적인 스승이십니다.

성경은 영의 책입니다

성경은 단순한 도덕책도, 철학서도 아닙니다.

성령의 감동으로 쓰인 하나님의 말씀입니다. (디모데후서 3:16 참조)

그러므로

성령 없이 성경을 전할 수도 없고,

성령 없이 말씀을 제대로 들을 수도 없고,

성령 없이 하나님의 진리를 분별할 수도 없습니다.

바울 사도는 이렇게 말합니다:

"신령한 일은 신령한 것으로 분별하느니라."(고린도전서 2:13)

신령한 눈을 가진 자가 되십시오

오늘 우리는

복잡한 시대를 살고 있습니다.

정보는 많고 지식은 쏟아지지만

영적 분별력은 점점 희미해지고 있습니다.

이럴 때일수록 우리는

성령의 충만하심을 간구해야 합니다.

지혜와 계시의 영을 받아

하늘의 비밀을 깨닫고,

하나님의 뜻을 바로 분별하는 자가 되어야 합니다.

기도

하나님 아버지,
우리에게 성령의 지혜와 계시를 더하여 주셔서
하늘의 비밀을 깨닫고,
영적인 것을 영적으로 분별할 수 있게 하옵소서.
하나님의 깊은 뜻을 알게 하시고,
신령한 눈을 가진 자로 살아가게 하소서.

예수님의 이름으로 기도합니다. 아멘.

08
성령의 열매 (갈5:22-23)

사도 바울은 누구보다 성령의 은혜와 능력을 깊이 체험한 사람이었습니다.

그는 분명히 말합니다.

성령을 따라 사는 사람은 성령의 열매를 맺고,

육체를 따라 사는 사람은 육체의 일을 행한다고 말입니다. (갈5:19-24)

그렇다면 성령의 사람, 곧 거듭난 그리스도인은

어떤 열매를 맺으며 살아야 할까요?

1. 성령의 열매는 삶의 증거입니다

성령을 받은 사람은 반드시 그 삶에서

성령의 열매가 나타나게 되어 있습니다.

그 열매는 단순한 감정이나 기분이 아니라,

삶에서 드러나는 성품의 변화입니다.

바울은 아홉 가지 열매를 이렇게 구분할 수 있다고 말합니다.
자기 자신을 위한 열매: 사랑, 희락(기쁨), 화평
이웃과의 관계 속에서 드러나는 열매: 오래 참음, 자비, 양선
하나님께 향한 태도: 충성, 온유, 절제
이 아홉 가지 열매는 그리스도인의 내적 성숙과 관계 회복을 위한
핵심 덕목들입니다.

2. 그중에서도 '사랑'은 으뜸입니다

사도 바울은 성령의 아홉 가지 열매 가운데
'사랑'이 가장 큰 것이라고 강조합니다.

"내가 사람의 방언과 천사의 말을 할지라도
사랑이 없으면 소리 나는 구리와 울리는 꽹과리가 되고…" (고전
13:1)

아무리 위대한 신앙을 가졌다 해도,
산을 옮길 만한 능력이 있어도,
깊은 지식을 다 가졌다 해도,
사랑이 없으면 아무것도 아니다 단호히 말합니다.

신앙의 진정한 능력은

사랑으로 나타나는 믿음의 역사에 있습니다. (갈라디아서 5:6)

3. 사랑은 받는 것만이 아니라 나누는 것입니다

우리는 하나님의 사랑으로 예수님을 선물로 받았습니다. (요 3:16)

예수님의 사랑으로 성령을 선물로 받았습니다. (행 2:38–39)

그리고 성령의 은사 중에서 사랑은 가장 귀한 선물입니다.

받은 사랑은 흘려보낼 때에야 비로소 열매가 됩니다.

겸손과 사랑은 그리스도인의 미덕이며,

모든 도덕 가운데 가장 아름답고 위대한 덕목입니다.

어떤 의식, 교리, 지식, 사상이라도

사랑이 없으면 무익한 것입니다.

성령 충만한 사람은 결국

사랑의 열매를 맺는 사람입니다.

초대교회는 성령 충만한 공동체였습니다.

그들은 기도했고, 사랑했고, 나누었고, 섬겼습니다.

우리도 그러한 공동체, 그러한 성도가 되어야 합니다.

말이 아니라 삶으로
지식이 아니라 열매로
신앙을 증명합시다.

하나님 아버지,
우리의 삶에 성령의 열매가 충만히 맺히게 하소서.

특별히 사랑의 열매를 맺게 하시고,
말보다 행동으로,
형식보다 진심으로
그리스도의 향기를 전하는 삶 되게 하소서.

예수님의 이름으로 기도드립니다. 아멘.

09
하나님을 아는 것이 지혜의 근본 (잠1:7)

자기를 안다는 것은 쉬운 일이 아닙니다.

큰 인물일수록 자기 자신을 알고,

자기 지위를 알고,

자기 책임을 아는 법입니다.

하지만 인간은 혼자 힘으로 자기 자신을 바로 알기 어렵습니다.

위대한 인물 앞에 서야 자기를 돌아보게 되고,

무엇보다 하나님 앞에 설 때 비로소 자신의 진실한 모습을 보게 됩니다.

1. 솔로몬의 겸손 - 종의 마음

솔로몬은 부왕 다윗 앞에서 자신이 얼마나 부족한 존재인지를 깨달았고,

하나님 앞에서는 더욱 겸비한 마음으로 무릎을 꿇었습니다.

"나는 어린아이라 출입을 알지 못하고

주의 많은 백성을 다스릴 능력이 없습니다." (참조: 열왕기상 3장)

그는 왕이었지만 스스로를 "종"이라 불렀습니다.

그는 통치자를 하나님의 종이요,

백성의 공복(公僕)이라 여겼습니다.

"백성은 크고 나는 작다"는 솔로몬의 고백은

오늘날에도 진정한 리더가 어떤 존재인지를 보여주는 말입니다.

오늘의 현실은 정반대입니다.

덜 된 집권자들은 백성은 작고, 자기 자신은 크다고 여깁니다.

권력은 섬김이 아니라 지배라 여기고,

자신을 종이 아니라 주인인 것처럼 행동합니다.

그런 이들은 하나님을 두려워하지 않고,

책임보다는 권력 유지에만 급급합니다.

그러나 하나님은 교만한 자를 심판하십니다.

역사는 그 증거로 가득 차 있습니다.

2. 솔로몬의 기도 - 지혜의 마음

솔로몬은 하나님께 칼이나 부귀, 권세를 구하지 않았습니다.

"선악을 분별할 지혜로운 마음"을 구했습니다.

지혜는 단지 정보를 아는 것이 아니라,

지식을 바르게 사용할 줄 아는 통찰력이며

하나님의 뜻을 따라 판단하는 능력입니다.

솔로몬은

마음이 가난했고,

어린아이 같은 심정의 소유자였으며,

맡겨진 책임에 눌려 교만해질 틈조차 없었습니다.

그의 이런 기도는 하나님께 깊이 감동을 주었고,

하나님은 그에게 지혜뿐 아니라 부와 영광도 함께 허락하셨습니다.

하나님을 아는 것이 지혜의 근본입니다

잠언은 말합니다.

"여호와를 경외하는 것이 지식의 근본이거늘,

미련한 자는 지혜와 훈계를 멸시하느니라." (잠언 1:7)

하나님을 경외함 없이

세상의 지식은 방향 잃은 칼과 같습니다.

자신을 높이는 지식이 아니라,

하나님 앞에서 자신을 낮추고, 백성을 섬기려는 지혜가
하나님이 기뻐하시는 사람의 모습입니다.

하나님 아버지,
우리에게도 솔로몬과 같은 지혜로운 마음을 주옵소서.
겸손히 섬기며 살아가게 하시고,
책임 앞에서 도망치지 않게 하시며,
교만하지 않도록 마음을 지켜주소서.

주님 마음에 드는 사람 되기를 소원합니다.

예수님의 이름으로 기도합니다. 아멘.

10
말씀 속에 행복 (시1:1-2)

하나님의 말씀을 밤낮으로 묵상하는 자가 복이 있습니다.

공동번역은 이렇게 풀어줍니다.

"야훼께서 주신 법을 낙으로 삼아

밤낮으로 그 법을 되새기는 사람.

그에게 안 될 일이 무엇이랴!"

바울 사도는 복음을 전할 때마다

성경 말씀을 기초로 강론하였습니다.

뵈뢰아 사람들은 편견 없이 간절한 마음으로 말씀을 받고,

그것이 진리인지 날마다 성경을 상고했습니다. (사도행전 17:11)

복음(福音)의 기초는 "성경"입니다.

설교도 반드시 성경을 근거로 해야 하며,

성도들도 신앙의 근거를 성경에 두고

날마다 말씀을 깊이 들여다보아야 합니다.

진리를 사모하며 편견을 버리고
열심히 말씀을 찾는 자가 복 있는 사람입니다.

성경은 진리의 광산입니다.
그 광산에서 힘껏 진력하는 자만이
그 속에 감추어진 하늘의 보배를 얻습니다.

수학자이자 신학자인 파스칼은 말했습니다.
"성경이 인생에게 주는 선물은
영원한 생명에 대한 믿음과 희망이다."

말씀은 지상의 말이 아니라
하늘과 땅이 마주치는 지평선 너머로부터
우리를 향해 들려오는 하나님의 음성입니다.

말씀이 있는 삶이 참된 행복입니다.
믿음의 사람은 누구나
늘 주님의 집에서 사는 삶을 사모하며,
말씀 안에서 영원의 존엄을 발견하고,
죽음을 대비하는 지혜를 얻게 됩니다.

그래서 우리는 말씀 속에서

평강과 기쁨을 회복하고,

세상을 살아갈 진리와 지혜를 얻게 됩니다.

그리하여, 사랑하는 성도 여러분,

하나님의 말씀을 즐거워하며

그 말씀을 깊이 묵상하는 삶을 사십시오.

그때에 여러분의 삶은 행복이 차고 넘치는 인생으로

새롭게 변화될 줄로 믿습니다.

주여,
말씀과 함께,
말씀 안에서 살게 하여 주옵소서.

먹을 양식, 마실 물이 없어 기갈이 아니라
주의 말씀이 그립습니다.
우리 심령을 말씀으로 충만케 하여 주시옵소서.

예수님의 이름으로 기도합니다. 아멘.

11
살아계신 하나님의 말씀 (히 4:12)

"하나님의 말씀은 살아 있고 활력이 있어 좌우에 날선 어떤 검보다도
예리하여… 또 마음의 생각과 뜻을 감찰하나니."

(히브리서 4:12)

성경은 단순한 종교 경전이 아닙니다.

역사책도 아니고, 도덕 교과서도 아닙니다.

성경은 살아 계신 하나님의 말씀입니다.

하나님께서 인류에게 당신의 뜻을 밝히기 위해

성령의 감동을 받은 사람들을 통해 기록하신 진리입니다.

성경은 인간의 언어로 쓰였지만,

그 깊이는 인간의 지혜를 넘어섭니다.

그 말씀이 살아 있다는 것은 곧 하나님이 살아 계시기 때문입니다.

히브리서 기자는 이렇게 선언합니다.

"하나님의 말씀은 살았고, 운동력이 있어

좌우에 날선 어떤 검보다도 예리하여

혼과 영, 관절과 골수를 찔러 쪼개기까지 하며

또 마음의 생각과 뜻을 감찰하나니." (히브리서 4:12)

살아 있는 것은 반드시 움직임이 있고 영향력이 있습니다.
말씀은 정지된 문장이 아니라, 움직이는 생명입니다.

이 살아 있는 말씀이 사람의 마음을 두드리고,
양심을 일깨우고,
죄를 자백하게 하며,
눈물을 흘리게 하고,
새 삶으로 나아가게 합니다.

베드로 사도도 말했습니다.
"너희가 거듭난 것은 썩어질 씨로 된 것이 아니요
썩지 아니할 씨로 된 것이니
살아 있고 항상 있는 하나님의 말씀으로 되었느니라." (벧전 1:23)

성경을 읽는 순간, 성령이 역사하십니다.
그때부터 변화가 시작됩니다.

악한 마음이 선하게 되고,
미움이 사랑으로 바뀌며,
욕심이 나눔이 되고,

불안이 평안으로,
절망이 소망으로 바뀝니다.

세상의 책들은 사람을 지식인으로 만들지만,
성경은 사람을 '새 사람'으로 만듭니다.

역사상 위대한 삶을 산 수많은 사람들—
그들은 말씀 안에서 길을 찾고,
말씀 안에서 위로받고,
말씀으로 방향을 정했습니다.

하지만 아직도 이 귀한 말씀을 읽지 못하는 사람들이 많습니다.
언어가 없어서, 환경이 허락하지 않아서, 혹은 복음을 듣지 못해서.
그래서 우리는 성경이 번역되고, 보급되며, 증거되는 일에
관심을 가지고 기도해야 합니다.

기도

살아 계신 주님의 말씀 안에 살게 하시고,
그 말씀으로 날마다 새로워지게 하옵소서.
우리 자신뿐만 아니라, 온 인류가 이 말씀을 읽고
하나님의 자녀가 되는 은혜를 입게 하소서.

예수님의 이름으로 기도합니다. 아멘.

12
그리스도의 고난에 참여함 (벧전4:14)

그리스도인의 가장 영광스러운 일은
그리스도의 고난에 동참하는 일입니다.

예수님 당시부터 지금까지,
수많은 신앙의 증인들이
복음을 전하고, 그 복음을 위해 고난을 감수했습니다.
그들의 헌신으로 교회는 자라났고,
그 뿌리 위에 오늘 우리의 신앙이 세워졌습니다.

하지만 오늘의 교회는 어떤가요?
교회가 교회다움을 잃고,
세상에 대한 섬김과 눈물 대신
형식과 무기력함에 빠져 가고 있지는 않은지
돌아봐야 합니다.

성경은 말합니다.

"즐거워하는 자들과 함께 즐거워하고,

우는 자들과 함께 울라." (로마서 12:15)

이처럼 이웃의 아픔에 공감하는 교회,

섬김의 자리에 선 교회가

참된 교회의 모습입니다.

예수님은 분명히 말씀하셨습니다:

"인자가 온 것은 섬김을 받으려 함이 아니라

도리어 섬기려 하고

자기 목숨을 많은 사람의 대속물로 주려 함이라." (마태복음 20:28)

제자들이 누가 더 큰 자인가 다투던 자리에서도

예수님은 이렇게 말씀하십니다.

"너희 중에 큰 자는 젊은 자와 같고

두목은 섬기는 자와 같을지니라…

나는 섬기는 자로 너희 중에 있노라." (누가복음 22:26-27)

그리고 주님은 선언하십니다.

"나 있는 곳에 나를 섬기는 자도 거기 있으리니,

사람이 나를 섬기면 내 아버지께서 저를 귀히 여기시리라." (요한복음 12:26)

세상은 섬김을 천하게 여기지만,
하나님은 섬기는 자를 가장 귀하게 여기십니다.

오늘날 교회가 다시 일어서려면,
모든 사람을 섬기는 손과 발이 되어야 합니다.
그럴 때 교회는 비로소
주님의 몸으로서 제 기능을 회복하게 됩니다.

예수 그리스도는 세상을 구원하기 위해
자신을 희생 제물로 내어주셨습니다.
우리는 그 희생 덕분에 구원의 은혜를 값없이 받았습니다.

이제는 우리가
그리스도의 고난에 참여하는 자로 살아가야 합니다.
그의 발자취를 따르고,
그가 걸으신 섬김의 길, 희생의 길, 십자가의 길을
기꺼이 함께 걸어가야 합니다.

찬송가의 고백처럼

"주와 같이 길 가는 것, 즐거운 일 아닌가

우리 주님 걸어가신 발자취를 밟겠네

꽃이 피는 들판이나 험한 골짜기라도

주가 인도하신 대로 주와 함께 가겠네." (찬송가 456장, 새 430장)

주님,
오늘도 그리스도의 고난에 동참하는 믿음을 선택하게 하
소서.
화려한 길이 아닌, 주님의 길을 따라가는 용기를 주소서.
섬김이 약함이 아니라,
가장 강한 사랑이라는 사실을 기억하게 하소서.

예수님의 이름으로 기도합니다. 아멘.

13
생소한 길 믿음으로 걷기 (여호수아3:4)

한 번도 가보지 않은 길

이스라엘 백성이 가나안 땅을 향해 가던 길은 한 번도 가본 적 없는 길이었습니다.

그 길 앞에는 요단강이라는 장애물이 놓여 있었습니다.

그러나 하나님은 군대나 지도자가 아니라,

언약궤를 멘 제사장들을 가장 앞세우셨습니다.

“너희가 이전에 가보지 않은 길이니,

언약궤를 바라보고 그 뒤를 따라가라.”

새로운 길, 낯선 길, 생소한 길이지만

하나님의 임재(언약궤)를 바라보고

그 인도하심을 따라 걸으라는 명령이었습니다.

우리는 지금 새해라는 생소한 길 위를 걷고 있습니다.

하루하루가 처음 맞이하는 날이며,

앞으로 무슨 일이 기다리고 있을지 아무도 모릅니다.

하지만 우리는 혼자가 아닙니다.

"부활하신 예수께서 너희보다 먼저 갈릴리로 가리라." (마 26:32)

예수님은 이미 우리의 앞서 가시는 분이십니다.

우리는 그분을 바라보며 그 뒤를 따르기만 하면 됩니다.

발을 내딛기 전 vs 내딛은 후

홍해를 건널 때는 물이 먼저 갈라지고 백성이 건넜습니다.

그러나 요단강을 건널 때는

제사장들의 발이 물에 닿은 후에야 물이 멈췄습니다.

신앙이 처음엔 하나님이 먼저 보여주시고 이끌어주시지만,

신앙이 자라면 말씀만 믿고 먼저 발을 내딛어야 합니다.

믿음의 한 걸음이 길을 열고

그 걸음이 기적을 만들어냅니다.

요단강 가운데로 길이 난 것은

단지 물리적 기적이 아닙니다.

그것은 믿음으로 행진하는 백성에게
하나님이 길을 여시는 방식을 보여준 사건입니다.

하나님의 인도는 선명하지 않을 수 있습니다.
먼저 발을 내디뎌야 길이 열리는 경우가 많습니다.
보이지 않아도, 들리지 않아도
하나님의 약속을 붙들고 믿음으로 전진할 때
요단강은 갈라집니다.

과거에 집착하며 돌아보는 회고파가 아니라
앞을 향해 나아가는 전진파가 되어야 합니다.

"예수는 우리의 믿음의 창시자이며 완성자이시니,
그를 바라보며 꾸준히 달려갑시다." (히 12:2)

우리를 향한 하나님의 계획은 미래에 있습니다.
믿음의 눈을 들어 앞을 바라보며
불가능 속에서 가능을 믿는 신앙으로 걸어갑시다.

주님,
앞이 보이지 않을 때에도
당신의 약속을 의지하여 믿음의 발걸음을 내딛게 하소서.
과거에 머물지 않고
당신이 인도하시는 생소한 길 위에 담대히 서게 하소서.
요단강을 건너 가나안에 들어가는 그날까지
주의 말씀만을 따라 걷게 하소서.

예수님의 이름으로 기도합니다. 아멘.

14
첫 날의 말씀–빛으로 시작된 새해(창1:3-4)

성경은 세상의 시작을 "말씀"으로 창조된 빛으로 열어줍니다.

"빛이 있으라!" 하시니 빛이 생겨났고,

하나님은 그 빛을 기뻐하셨습니다.

그 빛과 어둠을 나누시고,

하루의 첫 시간을 낮과 밤으로 질서 있게 정하셨습니다.

창조의 첫 순간은 혼돈 속에 빛이 임한 순간입니다.

말씀은 빛이요, 질서이며, 시작입니다.

말씀은 창조의 도구요, 삶의 질서입니다

홍수 후, 노아의 시대에도

하나님은 말씀으로 새 시대를 여셨습니다.

노아가 601세 되던 해, 정월 초하루에

물이 모두 빠지고 마른 땅이 드러났습니다. (창 8:13)

그리고 하나님은 약속하셨습니다.

"땅이 있는 동안에는 씨 뿌리는 때와 거두는 때,

추위와 더위, 여름과 겨울,

밤과 낮이 그치지 아니하리라." (창 8:22)

오늘 우리가 새해 첫날을 맞는 이 순간도

하나님의 말씀대로 이루어진 결과입니다.

말씀이 세상을 움직이고,

우리의 삶을 이어가고 있습니다.

새 창조, 새 사람, 새해

하나님의 말씀은 단지 세상을 창조한 힘만이 아닙니다.

인간의 내면을 새롭게 하시는 능력입니다.

"여러분은 썩어질 씨가 아니라

썩지 않을 씨, 곧 살아 있는 하나님의 말씀으로 새로 태어났습니

다." (벧전 1:23-25)

풀은 마르고 꽃은 떨어지지만,

하나님의 말씀은 영원히 살아 있습니다.

이 말씀이 우리 안에 새 생명을 일으키는 복음입니다.

또한 야고보는 이렇게 말합니다.

"그분이 뜻을 따라 진리의 말씀으로 우리를 낳으셨으니,
우리는 그분 창조물 중에 첫 열매입니다." (약 1:18)

우리는 말씀으로 새롭게 된 하나님의 자녀입니다.
새해는 단지 달력의 변화가 아닌,
하나님의 말씀으로 새롭게 태어나는 기회입니다.

하나님 아버지,
빛으로 시작된 첫날처럼
말씀으로 새해를 열게 하시니 감사합니다.

제 안의 혼돈과 어둠 위에
주님의 빛을 비춰 주소서.
올해도 말씀을 따라
하루하루 새롭게 살아가게 하소서.

아버지,
이 아들(딸)로 인해 주님의 이름에
욕되게 하지 않게 하시고,
비록 큰 효는 다하지 못해도
불효하는 자식 되지 않게 하옵소서.

예수님의 이름으로 감사하며 기도합니다. 아멘.

15
새로운 출발 (신34:1-12)

한 시대의 마무리, 그리고 새로운 시대의 시작

모세는 120세가 되었지만,

그 눈은 흐리지 않았고, 기력도 쇠하지 않았습니다. (7절)

그는 여전히 하나님의 일을 감당할 수 있는 충만한 종이었습니다.

그러나 하나님은 말씀하셨습니다:

"이제 너는 느보 산에 올라가서 거기서 죽으라."

하나님의 뜻 앞에 모세는 말없이 순종했습니다.

그는 자기 백성을 약속의 땅 경계까지 인도했지만,

그 땅에는 들어가지 못했습니다.

그는 떠났고,

하나님은 새로운 지도자 여호수아를 세우셨습니다.

모든 일에는 때가 있고,
새로운 시작을 위해서는 반드시
무언가를 떠나보내야 할 때가 있습니다.

뒤를 돌아보지 말고, 앞을 향해 나아가라
하나님은 같은 시대를 반복하지 않으십니다.
하나님은 항상 새 시대, 새 계획을 준비해 두셨고
우리를 더 좋은 곳으로 이끌고자 하십니다.

여호수아는 모세의 안수를 받아
지혜가 충만해졌고 (9절)
하나님의 명령을 따라
백성들을 가나안 땅으로 이끌었습니다.

"모세와 같은 선지자는 다시 없었지만,
하나님의 일은 계속되었습니다."
하나님의 일은 한 사람에게 묶이지 않습니다.
하나님은 일하시는 사람을 장사 지내시되,
그분의 사명은 이어지게 하십니다.

지금, 무엇을 떠나보내야 합니까?
우리 삶에서도 마찬가지입니다.

새로운 출발을 위해

떠나보내야 할 기억, 아픔, 집착, 실패는 없는지 돌아봐야 합니다.

모세가 떠나야 여호수아가 일어섰고,

그래야 백성들은 가나안 땅으로 들어갈 수 있었습니다.

우리도 과거에 매여 머물러 있지 말고,

하나님께서 준비하신 더 나은 미래를 향해 나아가야 합니다.

가나안 땅은 율법의 지도자 모세가 아닌

여호수아(구원의 모형)를 통해 들어갔습니다.

이것은 영적 가나안,

곧 하나님의 나라에 들어가는 통로는

율법이 아니라 예수 그리스도,

복음을 통해서만 가능하다는 복음의 모형이기도 합니다.

율법은 문 앞까지 데려다 주지만,

복음은 안으로 들이십니다.

하나님 아버지,
모세를 통해 놀라운 일을 이루셨지만
그를 떠나보내고 새로운 시작을 열어주신 주님을 찬양합니다.
제 삶에도 이제 떠나보내야 할 것들이 있다면
믿음으로 내려놓게 하소서.

여호수아처럼 순종으로
새 길을 걷게 하시고,
무엇보다 예수 그리스도를 통해
하나님의 나라를 향해 나아가게 하소서.

그 하나님이 모세와 함께 하셨고,
여호수아와 함께 하셨듯,
지금 이 시간에도 저와 함께 하심을 믿습니다.

예수님의 이름으로 기도드립니다. 아멘.

2부

광야에서의 순례

서문

신앙의 길은 꽃길이 아닌 광야의 길입니다.

정 목사님은 고난과 외로움, 침묵의 시간을 광야의 언어로 해석하셨습니다.

이 장에 담긴 글들은 외롭고 힘겨운 시기를 지나며 더욱 또렷해진 하나님의 음성을 따라 걸어간 순례의 기록입니다.

광야는 끝이 아니라, 하나님의 사람이 빚어지는 곳임을 함께 깨닫게 될 것입니다.

16
기다리는 사람들 (눅12:35-40)

"주께서 이르시되, '지혜 있고 진실한 청지기가 되어
주인이 집 종들을 맡아 때를 따라 양식을 나누어 줄 자가 누구냐?
주인이 이를 때에 그 종이 이렇게 하는 것을 보면 그 종은 복이 있으리로다!
내가 참으로 너희에게 이르노니,
주인이 모든 소유를 저에게 맡기리라'." (누가복음 12:35-40)

"준비된 자에게는 혼란이 없다"는 말을 우리는 들었습니다.

본문은 바로 주님께서 강조하신 깨어 준비된 삶의 중요성을 비유로 가르치고 계십니다.

예: 결혼식에 초대받은 이가 집으로 돌아온 후 문 앞에서 주인을 기다리며 곧 문을 열고 맞이할 준비를 갖춘 사람처럼, 우리도 늘 주님을 맞을 준비를 해야 합니다.

주님이 기대하시는 것은
도덕적이거나 윤리적인 사람도,
정치적·경제적으로 성공한 사람도,
영웅적 용사도 아닙니다.
오직 깨어서 주님의 말씀을 기다리는 사람입니다.

우리는 왜 기다려야 하는가?

우리 시대의 기다림은 종종

"내일은 오늘보다 낫기를… 더 나은 정치, 경제, 지위, 행복을…"

바라며 조급해지고 불안해지는 세상의 기다림이었습니다.

그러나 성경이 말하는 기다림은 다릅니다.

성탄을 기다리던 이스라엘처럼,

"죄악된 세상을 구원할 메시아의 오심"을 고대하던 기다림은

세상의 불확실성과는 구별되는,

믿음과 소망의 기다림입니다.

깨어 있는 기다림이 주는 축복

주님만을 소망으로 삼고,

마귀의 유혹에 귀를 닫고,

기도하며 깨어 있는 믿음의 사람은

세상의 모든 명성과 부귀가 사라져도

마지막까지 주님을 기다리므로

복 있는 자이며 영원한 축복을 누릴 사람입니다.

● 주님을 향한 진정한 소망으로 하루하루를 살아가는
  우리 모두가 되기를 주님의 이름으로 축복합니다. 아멘.

주여!
주님이 다시 오시는 그날까지
참고 깨어 기도하며 기다리는 성도가 되게 하소서.

예수 그리스도의 이름으로 기도드립니다. 아멘

17
네 하나님 만나기를 예비하라 (아모스4:12)

종살이 하는 이들이 자유를 외면하고,

죄로 병든 자들이 치료받기를 거부하며,

길 잃은 자들이 아버지 집의 열린 문을 외면하는 일이 있어서는
안 됩니다.

주의 날은 가까이 다가오고 있습니다.

사도 바울은 고린도후서 6장 2절에서 이렇게 외쳤습니다.

"지금은 은혜 받을 만한 때요, 지금은 구원의 날이로다!"

이 시간이 지나가면 다시는 기회가 오지 않을 수도 있습니다.

마태복음 25장에는 열 처녀의 비유가 나옵니다.

다섯 명의 슬기로운 처녀는 등불과 기름을 준비했고,

다섯 명의 미련한 처녀는 아무 준비 없이 졸며 잠들었습니다.
밤중에 신랑이 온다는 소리가 들렸습니다.
가장 어둡고 깊은 밤, 사람들이 예수님을 가장 덜 기대하고 있을 때
주님은 오셨습니다.

그때는 준비할 시간이 없습니다.
미리 준비한 자들만이 신랑을 맞이하고,
잔치 자리에 들어갈 수 있었습니다.

오늘날 세상은 전쟁을 준비하느라 분주하지만,
평화를 준비하는 데는 잠들어 있습니다.

우리는 화재보험, 자동차보험, 생명보험은 들지만
영혼을 위한 준비는 종종 소홀히 합니다.
가정의 행복, 삶의 의미, 죽음 이후의 삶에 대해선
정신적으로 무장하지 않은 채 살아갑니다.

밤중에 들리는 외침,
그것은 죽음을 의미하는 것이 아니라,
하늘의 즐거움이 우리를 부르러 오는 때입니다.

그러나 그때는 더 이상 준비할 수 없는 때입니다.

모든 준비는 그 이전에 마쳐져야 합니다.

횃불을 들고 등불을 밝힌 자들은
기쁨의 행렬을 이루며 잔치 자리에 들어갔고,
등불 없이 준비하지 못한 자들은
어두운 밖에 남겨졌습니다.

대낮에는 슬기로운 처녀와 미련한 처녀가 겉으로는 구별되지 않
았습니다.
그러나 심판은 생각지도 못한 밤중에 찾아왔습니다.

그러므로 우리는 지금 준비하고 있어야 합니다.

하나님은 준비한 만큼 우리에게 주십니다.
우리가 언제 주님 앞에 서게 될지,
영원이 언제 우리의 시간 속에 들어올지 아무도 알 수 없습니다.

그러니 날마다 하나님 앞에 설 준비를 갖추며 살아야 합니다.

지금이 바로 은혜 받을 때요,
지금이 바로 구원의 날입니다.

하나님,
오늘도 말씀을 묵상하며 하늘을 바라보게 하시니 감사합니다.
날마다 주님 앞에 설 준비를 갖춘 자로 살아가게 하소서.
주님께서 내 영혼을 부르실 그 날,
아무 미련 없이 담대히 그 앞에 설 수 있는 사람이 되게 하옵소서.

예수님의 이름으로 기도드립니다. 아멘.

18
엠마오 도상의 두 제자 (눅24:13-35)

(누가복음 24:13-35)

엠마오 도상의 두 제자는 과연 누구일까요?

성경은 "두 사람이 예루살렘에서 엠마오라는 마을로 걸어가면서" 대화를 나누었다고 기록합니다. 그중 한 사람의 이름은 '글로바'입니다. (눅 24:18)

그렇다면 다른 한 사람은 누구일까요?

글로바의 아내가 아닐까요? 요한복음 19장 25절에 글로바의 아내가 예수님의 십자가 곁에 있었다는 기록이 있습니다.

엠마오는 이 두 사람의 집이 있던 곳 같아 보입니다. (눅 24:29) "우리와 함께 유하시옵소서"라며 간청하는 장면은 그들의 친밀한 관계를 짐작케 합니다.

그렇다면 이 두 사람을 부부로 가정하고 다시 생각해 봅시다.

1. 저들은 '다른 생각'에 사로잡혀 있었습니다.

예수님과 동행하고 있음에도 그분을 알아보지 못했습니다.

말씀을 들었지만, 그 뜻은 마음에 와닿지 않았습니다.

주님께서 "들을 귀 있는 자는 들으라"(눅 8:8) 하셨지만,

이들은 마음이 다른 데 가 있었기에 보지도 듣지도 못했습니다.

엠마오로 가는 길은 '내려가는 길'이었습니다.

해가 지는 쪽, 일몰을 향해 걷는 그들의 발걸음은 무거웠습니다.

그리스도인은 해 뜨는 곳, 일출을 향해 걸어가야 합니다.

2. 저들은 '자신의 생각'에 사로잡혀 있었습니다.

"우리는 이 사람이 이스라엘을 구속할 자라고 바랐노라." (눅 24:21)

이 말은 곧 그들의 기대가 무너졌음을 보여줍니다.

자신이 생각한 메시아상이 있었던 것이죠.

그러나 내 뜻과 주님의 뜻은 다릅니다.

우리의 믿음은, 내 생각을 주장하는 것이 아니라

말씀 앞에 나의 뜻을 내려놓는 것이어야 합니다.

3. 저들은 '의심'과 '불신앙'에 사로잡혀 있었습니다.

여인들이 무덤에서 예수님이 살아나셨다고 전했지만,

그들은 믿지 않았습니다. (눅 24:22-24)

불신앙은 말씀도, 주님도 보지 못하게 합니다.

실망한 마음에는 부활의 소식조차 기쁨이 되지 못하고,

오히려 놀람과 혼란만이 가득했습니다. (요 20:15 참조)

불신앙의 자리에는

낭패 (눅 24:4),

슬픔 (눅 24:17),

실망 (눅 24:21),

두려움 (눅 24:27),

의심 (눅 24:38)이 있습니다.

결국, 이 모든 것은 주님을 의식하지 못하는 데서 비롯됩니다.

생명의 주를 의식할 때, 우리의 눈이 밝아지고 마음에 기쁨이 임합니다.

4. 성경 말씀이 그들의 마음을 뜨겁게 하였습니다.

예수님은 모세와 모든 선지자의 글로

자신에 대한 말씀을 풀어 주셨습니다. (눅 24:27)

그들의 고백처럼,

"말씀을 풀어 주실 때에 우리 속에서 마음이 뜨겁지 아니하더냐!"

(눅 24:32)

성경을 사랑하는 자에게 성령께서 역사하십니다.

성경을 등한시하면 우리는 쉽게 세상의 유혹에 빠지고 맙니다.

성경은 예수 그리스도를 계시하는 책입니다. (요 5:39)

5. 식탁에서 그들의 눈이 밝아졌습니다.

예수님께서 떡을 떼어 주실 때

그제서야 그들은 예수님을 알아보았습니다. (눅 24:30–31)

오늘도 주님은 우리의 식탁에 함께 하십니다.

우리의 일상 속에 임재하셔서,

은혜로 축복해 주시는 주님을 믿으시기 바랍니다.

6. 예루살렘으로 돌아갔습니다.

두 사람은 엠마오에서 곧바로 일어나

예루살렘으로 올라갔습니다. (눅 24:33)

예수님의 죽음만 생각하며

25리 밖 엠마오까지 하루 종일 내려갔던 발걸음이,

부활하신 주님을 만난 후에는

단숨에 예루살렘으로 향하게 되었습니다.

주님을 만난 자는 일어납니다.

주님을 만난 자는 증거하게 됩니다.

오늘도 엠마오로 가는 인생길에서
우리를 찾아오시는 부활의 주님은
지금 이 순간도 우리와 함께 걷고 계십니다.

"볼지어다 내가 세상 끝날까지 너희와 항상 함께 있으리라." (마태
복음 28:20)

주님,
슬퍼하는 자, 낙심한 자, 의심하는 자,
불신앙으로 주님을 느끼지 못하는 자에게
오늘도 가까이 다가와 주옵소서.

엠마오 도상의 두 제자처럼
저희도 말씀으로 마음이 뜨거워지게 하시고
눈이 밝아져 부활하신 주님을 알아보게 하소서.

그리하여 기쁨으로, 힘차게
예수 그리스도의 부활을 증거하며 살아가게 하소서.

예수님의 이름으로 기도드립니다. 아멘.

19
사명에 불탄 이사야 (사 6:1-10)

"내가 또 주의 목소리를 들으니 이르시되,
'내가 누구를 보내며 누가 우리를 위하여 갈꼬?'
그때 내가 이르되, '내가 여기 있나이다. 나를 보내소서.'" (이사야 6:8)

이사야는 구약의 대표적인 대선지자 중 한 사람으로
소명자요, 불타는 사자로 불릴 만큼 하나님께 헌신된 사람이었습니다.
그는 조국이 혼란에 빠진 시기에 하나님의 부르심을 받은 선지자입니다.

1. 기도 중에 환상을 보다

이사야는 유다의 10대 왕 웃시야가 죽던 해,
조국의 미래를 염려하며 성전에 들어가
백성을 위한 중보기도를 드리다가 하나님의 환상을 보게 됩니다.
그곳에서 그는 높이 들린 보좌에 앉으신 하나님과
그분을 찬양하는 천사들의 모습을 목격합니다.

그 순간 이사야는 하나님의 거룩 앞에서

자신의 죄악됨을 절실히 깨닫고,

"화로다! 나여 망하게 되었도다! 나는 입술이 부정한 사람이요…"

라고 고백합니다.

그때 하나님의 사자가 제단에서 핀 숯을 가져와

그의 입술에 대며 정결케 하시고,

새로운 소명과 사명을 주십니다.

"내가 또 주의 목소리를 들으니 이르시되,

'내가 누구를 보내며 누가 우리를 위하여 갈꼬?'

그때 내가 이르되, '내가 여기 있나이다. 나를 보내소서.'" (6:8)

2. 하나님의 음성을 듣다

이사야는 하나님의 고요한 부르심을 들었습니다.

"누가 우리를 위해 갈꼬?"

그 음성은 단순한 질문이 아니라,

하나님의 아픔과 간절함이 담긴 부르심이었습니다.

이사야는 그 음성 앞에 숨지 않고,

기꺼이 손을 들고 대답합니다.

"내가 여기 있나이다. 나를 보내소서."

이 대답은 두려움과 순종 사이에서 드리는 결단입니다.

오늘을 살아가는 우리에게도

이 부르심은 계속해서 들려오고 있습니다.

3. 죽음을 각오한 사명자

이사야는 이후, 하나님의 말씀을 전하고,

우매한 백성을 가르치며,

그 사명을 끝까지 충실히 감당합니다.

비록 백성들이 듣지 않을 것이라는 경고까지 받았지만,

그는 물러서지 않고 진리의 말씀을 외쳤습니다.

그는 영의 눈으로 하나님의 영광을 보고,

영의 귀로 주님의 음성을 듣고,

입술로 하나님의 뜻을 전한 자였습니다.

이사야는 그 시대의 어둠 속에서

하나님의 불꽃처럼 살아낸 소명자였습니다.

오늘, 우리에게 주시는 부르심

오늘 교회가 필요로 하는 사람은

단순히 지식 있는 자나, 말 잘하는 사람이 아니라,

하나님의 영광을 본 자요,

하나님의 음성을 들은 자요,

말씀을 삶으로 전할 줄 아는 사람입니다.

하나님은 지금도 우리에게 묻고 계십니다.

"누가 우리를 위하여 갈꼬?"

하나님 아버지,
이사야처럼 영의 눈을 들어
주의 영광을 보게 하시고,
영의 귀로 주님의 음성을 듣게 하소서.

세상의 필요 앞에 숨지 않고
"내가 여기 있나이다"라고 응답하게 하시고,
주의 말씀을 부지런히 전하고 가르치는
능력 있는 사명자가 되게 하소서.

예수님의 이름으로 기도드립니다. 아멘.

20
변화산과 평지―영광과 현실 사이 (눅9:29―43)

누가복음 9:29-43

예수님께서 변화산에서 기도하실 때,

그의 얼굴은 광채가 나고 옷은 눈부시게 희어졌습니다.

그 자리에는 모세와 엘리야가 나타났고,

하늘에서 "이는 내 아들, 내 택함을 받은 자니 너희는 그의 말을
들으라"는 음성이 들려왔습니다.

산 위는 거룩과 영광의 순간이었습니다.

그러나 산 아래는 전혀 다른 현실이 펼쳐졌습니다.

간질 귀신 들린 아이, 무능한 제자들, 당황한 아버지,

그리고 분노와 실망이 뒤엉킨 아수라장이었습니다.

하늘의 영광에서 인간의 절망으로, 그야말로 극명한 대조였습니다.

하지만 이 두 모습은 서로를 보완하며,

예수님이 참된 메시아임을 드러내는 중요한 그림이 됩니다.

산 위에서 예수님은 하나님의 아들로서 인정을 받으셨고,

산 아래에서는 그 권능으로 고통당한 영혼을 회복시키셨습니다.

1. 산 위의 경험은 반드시 필요합니다

베드로는 그 순간이 너무 좋아

"여기 초막 셋을 짓고 여기 머물자"고 제안합니다.

그러나 예수님은 산을 내려오셨습니다.

산상의 체험은 도피가 아니라 사명의 준비입니다.

우리도 예배당, 기도처, 묵상의 자리에서 산상 체험을 합니다.

하지만 그곳에만 머무를 수 없습니다.

삶의 평지, 곧 가정과 직장, 세상 한복판에서

산 위에서 받은 은혜를 가지고 살아가야 합니다.

엘리야도 갈멜산에서 하나님의 불을 경험한 후,

로뎀나무 아래에서 힘겨워하다가,

하나님의 양식으로 힘을 얻고 다시 사명의 길을 걸었습니다.

예배는 세상을 향한 준비입니다.

2. 평지의 현실, 그러나 주님은 거기에도 계십니다

산 아래로 내려온 예수님을 기다리고 있던 것은

병든 자와 무기력한 제자들, 그리고 절망에 빠진 한 아버지였습니다.

그러나 예수님께서 등장하시자 모든 혼란이 정리되고,
마귀가 떠나가며, 아이가 온전하게 됩니다.

예수님이 계신 곳이 해결의 시작입니다.
예배에서 얻는 한 시간의 힘은
일주일의 고단한 평지를 살아가는 힘이 됩니다.
주님이 함께하시면 삶의 현실도 변합니다.

하나님을 아는 것이 지혜의 근본 (잠 1:1-9)
솔로몬은 왕으로 부름받았을 때,
자신의 무능함과 책임의 무게 앞에 엎드렸습니다.
그는 하나님께 부와 권세가 아니라 지혜와 명철을 구했습니다.

"누가 이 많은 백성을 재판할 수 있겠습니까?
지혜로운 마음을 주사 주의 백성을 재판하여 선악을 분별하게 하
옵소서."

솔로몬은 자신을 종이라 칭했고,
왕권을 아버지로부터 물려받았지만
자신을 겸손히 낮추었습니다.
그는 하나님 앞에 마음이 가난한 자였고,
바로 그 점이 하나님의 마음에 들었습니다.

오늘날 우리는 정반대의 지도자들을 많이 봅니다.
겸손함보다 자랑을 앞세우고,
섬김보다 권력을 탐하는 이들 말입니다.

하지만 진정한 지혜는 하나님을 아는 데서 출발합니다.
자기를 알기 위해선 하나님 앞에 서야 합니다.

기도

주님, 변화산에서 영광을 보게 하시고
평지에서 현실을 감당할 힘도 허락하소서.

하나님, 우리에게도
솔로몬과 같은 겸손과 지혜를 주셔서
맡겨진 삶의 자리에서
주님을 경외하는 참된 지혜로 살아가게 하소서.

예수님의 이름으로 기도합니다. 아멘.

21
준비하고 있으라 (마24:44)

"앞으로 나갈 준비를 하고, 죽을 준비도 하라."
안창호 선생님의 말입니다.

또 그는 이렇게 말했습니다.
"나간다, 나간다 말만 하지 말고
준비한다, 준비한다 했다면
벌써 나가게 되었을 것이다."

사람들은 종종 꿈을 말하지만, 준비는 소홀히 합니다.
그러나 준비 없이 뛰는 자는 결국 넘어집니다.

1. 준비는 축복의 문을 여는 열쇠입니다.

'바베'라는 식물은 100년에 한 번 꽃을 피웁니다.
그 꽃은 너무도 찬란하여 '백년의 기다림'이 아깝지 않다고 합니다.

우리의 삶도 마찬가지입니다.

빛나는 순간을 위해 준비하는 시간은 결코 헛되지 않습니다.

예수님께서도 공생애 3년을 위해 30년을 준비하셨습니다.

그분은 하나님의 아들이셨지만, 정하신 때를 인내하며 기다리셨습니다.

하나님의 뜻은 준비된 자를 통해 이루어집니다.

2. 준비 없는 열심은 위험합니다.

오늘날 많은 사람들이 때를 분별하지 못한 채 앞서 나가려 합니다.

그러나 주님은 말씀하십니다.

"내가 내 아버지께서 약속하신 것을 너희에게 보내리니

너희는 위로부터 능력을 입힐 때까지 이 성에 유하라." (누가복음 24:49)

제자들에게도 성령의 능력을 받을 준비가 필요했습니다.

우리도 성령의 도우심 없이는

복음을 감당할 수 없고,

세상을 이길 힘도 없습니다.

3. 다시 오실 주님을 준비하라

예수님은 다시 오십니다.

그러나 우리가 예상하지 못한 순간에 오십니다.

"도둑이 밤 몇 시에 올는지 집 주인이 안다면
깨어 있어 도둑이 침입하지 못하게 할 것이다.
사람의 아들도 너희가 생각지 않은 때에 올 것이다." (마태복음
24:43-44, 공동번역)

성도 여러분,
신랑을 맞으러 나가는 열 처녀의 비유를 기억하십시오.
등불은 있었으나 기름을 준비하지 못했던 다섯 처녀처럼 되지 않
기를 바랍니다.

신앙의 준비는 단순한 점검이 아니라,
삶의 태도이며 오늘의 실천입니다.

하나님,
준비 없이 뛰는 자가 되지 않게 하소서.
겸손히 준비하며 묵묵히 걸을 수 있게 하소서.
마침내 주님 앞에 설 그날을 위하여
날마다 깨어 준비하게 하소서.

예수님의 이름으로 기도드립니다. 아멘.

22
한 가지 아는 것 (요9:25)

예수께 고침 받은 맹인은,

그 은혜를 증거하는 데 망설임이 없었습니다.

회당에서 파문되고 절교당할까 두려워 말 돌리는 부모와는 달리,

그는 담대하게 자신의 체험을 증언했습니다.

"그가 죄인인지 내가 알지 못하나, 한 가지 아는 것은 내가 소경이

었다가 지금은 본다는 그것입니다." (요 9:25)

단순하지만 명확한 진술이었습니다.

논리 이전에 사실입니다.

백 마디 이론도, 하나의 확실한 체험을 지울 수 없습니다.

그는 또 말합니다.

"당신들도 그분의 제자가 되려 하나이까?" (요 9:27)

학문 없던 이 맹인의 이 말 한마디는
성경에 능통한 바리새인들을 무력하게 만들었습니다.
그는 자신의 체험 하나로 예수님이 하나님께로부터 오신 이임을
당당히 증거했습니다.

신학보다 앞서는 것은 확신 있는 체험입니다.
우리가 구원받고 사죄함을 입었다면,
"한 가지 아는 것"을 담대하고 솔직하게 증거하는 것으로 충분합
니다.
여기서 진정한 승리의 힘이 나옵니다.

바리새인들은 성경을 깊이 연구했지만,
예수께서 하나님의 아들이심을 깨닫지 못했습니다.
왜일까요?
그들의 완고한 선입관 때문이었습니다.

선입관은 영적 시력을 가립니다.
그들은 처음부터 예수를 나사렛 목수의 아들이라 폄하했고,
그 출생과 신분을 기준으로 삼아
그분의 말씀과 행위를 공정하게 보려 하지 않았습니다.
결국 그들은 예수님을 죄인 취급하며
자신들의 오만한 관점에서만 판단했습니다.

이처럼 사람의 선입관과 고정관념은
하나님을 바라보고 말씀을 듣는 데에 엄청난 장애물이 될 수 있습니다.

오늘 우리는 묻습니다.
나는 하나님의 일을 선입관 없이 바라보고 있는가?
나는 겸손한 마음으로 하나님의 말씀을 듣고 있는가?
나에게도 "한 가지 아는 것"이라 할 만한 분명한 은혜의 체험이 있는가?

명확한 체험을 가진 자는 누구보다 강합니다.
이 맹인의 증거처럼,
그 체험은 사람의 논리를 이깁니다.
바리새인들도 그를 반박하지 못하고,
결국에는 권위로 몰아세워 쫓아내는 것밖에 할 수 없었습니다.

마무리 찬송 (요약)
육신의 눈 어두울 때,
신령한 눈 밝아져
천성의 문을 보게 하니
참 기쁜 복 내 것일세. 아멘.

주님,
세상 말과 논리에 휘둘리지 않고,
"한 가지 아는 것"으로도 담대히 증거하게 하소서.
나의 구원과 회복, 주께 받은 은혜의 체험이
나의 신앙의 힘이 되게 하소서.

예수님의 이름으로 기도합니다. 아멘.

23
흑자(黑字)인생입니까? (살전1:2-3)

"우리가 너희 모두로 말미암아 항상 하나님께 감사하며 기도할 때에 너희를 기억함은, 너희의 믿음의 역사와 사랑의 수고와 우리 주 예수 그리스도에 대한 소망의 인내를 우리 하나님 아버지 앞에서 끊임없이 기억함이라."
(데살로니가전서 1:2-3)

연말이 되면 개인이나 국가도 재정 결산을 합니다.

적자(赤字)냐 흑자(黑字)냐를 따지며, 잘한 것과 잘못된 것을 점검하죠.

그렇다면 우리의 신앙생활은 어떻습니까?

신앙의 손익계산서를 한번 써보아야 할 때입니다.

바울 사도는 데살로니가 교인들에게서

"믿음의 역사, 사랑의 수고, 소망의 인내"라는 아름다운 세 가지 열매를 보고 칭찬했습니다.

우리의 삶도 이 세 가지 기준으로 점검해보면 좋겠습니다.

1. 믿음의 활동이 있었는가?

믿음은 단지 머리로만 동의하는 것이 아니라 삶으로 표현되는 행위입니다.

우리가 맡은 모든 일은,

사람을 위한 일이 아니라 하나님을 향한 일임을 기억해야 합니다.

"믿음이 있으면 큰일도 할 수 있다." (요 14:12)

믿음은 눈에 보이지 않지만

그 기반 위에 역사가 세워졌습니다.

나의 믿음은 지금 어떤 '활동'으로 나타나고 있는가?

2. 사랑의 수고가 있었는가?

진정한 사랑은 기꺼이 감수하는 수고로 나타납니다.

사랑은 피곤을 잊게 합니다.

자신의 혼수감을 만들기 위해 밤을 새워 바느질하던

한 처녀의 모습처럼,

사랑의 수고는 기쁨이 동력이 됩니다.

"사랑은 고난을 감수하게 하고,

사랑은 희생을 두려워하지 않습니다."

나는 누구를 얼마나 사랑하며,

그 사랑을 어떻게 행동으로 실천했는가?

3. 꾸준한 희망을 품고 살았는가?

알렉산더 대왕은 전쟁에 앞서 모든 소유를 나누어주면서도 "나는 소망이 남아 있습니다."라고 말했습니다.

소망은 삶의 원동력입니다.

고난을 이기게 하고,

멀리 바라보게 하며,

내일을 준비하게 만듭니다.

우리의 희망은 어디에 있는가?

그리스도의 재림을 기다리며,

매일의 삶을 소망으로 살아가고 있는가?

혹자 인생이란

믿음의 활동으로 일하고

사랑의 수고로 나누며

희망의 끈을 놓지 않는 인생

이런 삶은 하나님 앞에서

참으로 혹자 인생입니다.

많이 받고, 많이 나누고,

그리고 나에게 남은 것이 은혜라면,

그 인생은 성공입니다.

● 지금 당신의 신앙 결산은 흑자입니까?

하나님,
믿음 없는 헛수고 하지 않게 하시고,
사랑 없는 봉사가 되지 않게 하시며,
희망 없이 흔들리는 신앙 되지 않게 하소서.

믿음의 역사와 사랑의 수고,
꾸준한 소망의 열매가 가득한
흑자 인생 살게 하소서.
예수님의 이름으로 기도드립니다. 아멘.

24
심판 속에서 남겨주신 하나님의 소망

우리는 세상을 살아가면서 선한 일도 하지만 악한 일도 행하며 살아갑니다.

싸움과 분쟁, 욕심과 질투가 우리의 삶에 그림자처럼 따라다닙니다.

선을 알면서도 악을 행하고, 의를 알면서도 불의를 따를 때가 많습니다.

인간의 죄악이 이처럼 높아질 때 하나님께서는 심판하십니다.

사람은 자신이 행한 대로 심판을 받습니다.

남을 돕고 사랑한 사람에게는 칭찬이 돌아가고,

남을 미워하고 비방한 사람에게는 그에 따른 결과가 따릅니다.

의인이 많으면 번영하지만, 불의가 가득하면 결국 무너지게 됩니다.

본문에서 유다는 하나님의 진노를 사게 됩니다.

하나님은 오래 참고 기다리시는 분이시지만, 끝내 돌이키지 않을 때 심판하십니다.

그러므로 우리는 하나님만을 의지해야 합니다.

유다는 여러 방법을 찾았지만 하나님의 진노를 돌이킬 수 없었습니다.
그렇다면 우리는 무엇을 믿고 살아가야 하겠습니까?

"지혜로운 자는 그의 지혜를 자랑하지 말라.
용사는 그의 용맹을 자랑하지 말라.
부자는 그의 부함을 자랑하지 말라.

자랑하는 자는 명철하여 나를 아는 것과
나 여호와가 사랑과 정의와 공의를 행하는 하나님임을
깨닫는 것으로 자랑할지니라." (예레미야 9:23-24)

힘과 권세가 모든 것이라면 로마 제국이 오늘까지 남아 있었을 것입니다.
그러나 우리가 믿고 의지할 분은 오직 우리를 눈동자 같이 지키시는 주님뿐입니다.
그분이 우리의 참된 소망이십니다.

유다는 하나님을 의지하지 않고 우상을 따랐습니다.

하나님보다 세상을 의지할 때 사람은 불의와 죄악의 길로 빠지게 됩니다.

죄악은 가라지처럼 빠르게 자라나고, 경계하지 않으면 걷잡을 수 없이 퍼져 나갑니다.

그러나 하나님의 사랑은 크고 위대합니다.

하나님은 죄를 미워하시고 불의를 심판하시지만, 자신의 백성을 기억하시고 의인을 남겨 두십니다.

"하나님이 우리를 세우심은 노하심에 이르게 하심이 아니요 오직 우리 주 예수 그리스도로 말미암아 구원을 받게 하심이라." (데살로니가전서 5:9)

주님과 함께 사는 삶, 그 믿음 안에서 우리는 소망을 발견하게 됩니다.

주님을 의지하는 믿음 속에서 내일을 기대할 수 있습니다.

"여호와여 강한 자와 약한 자 사이에는 주밖에 도와줄 이가 없사오니 우리 하나님 여호와여 우리를 도우소서. 우리가 주를 의지하오며 주의 이름을 의탁하옵나이다." (역대하 14:11)

하나님을 의지하고 사는 사람은

비록 고난의 때를 지나더라도

결코 소망을 잃지 않습니다.

3부

일상 속의 은혜

서문

하나님은 우리가 숨 쉬는 일상 속에 임재하십니다. 자연의 작은 풀잎 하나, 아이의 미소, 아내의 따뜻한 손길 속에서 정 목사님은 하나님의 손길을 느끼셨습니다.

이 장은 평범한 하루하루를 은혜의 눈으로 바라본 묵상입니다. 믿음은 특별한 순간에만 빛나는 것이 아니라, 일상의 틈새에서 더 깊어집니다.

25
기쁨으로 주를 찬송하라 (시150:6)

기쁨으로 주님을 찬양하십시오.

왜냐하면 그분의 은혜는 끝이 없고, 크기 때문입니다.

기뻐하십시오. 감사하십시오. 그리고 더 큰 은혜를 기대하십시오.

주님은 말씀하셨습니다.

"있는 사람은 더 많이 받아 넉넉하고도 남게 되지만, 없는 사람은 가진 것마저 빼앗기게 될 것이다." (마태복음 13:12)

감사는 '있음'을 증명하는 믿음의 고백입니다.

감사하는 사람은 은혜 위에 은혜를 더해 받게 될 것입니다.

우리는 하나님께 가난과 궁핍만을 호소하며 긍휼을 구하지 맙시다.

오히려 넉넉함을 고백하며 더 큰 은혜를 구합시다.

하나님은 반드시 더 큰 것을 주실 분이십니다.

예수께서 오시기 약 700년 전,

유다 땅 예루살렘 언덕에서 선지자 이사야가 입을 열어 이렇게 외쳤습니다.

"이제는 고통을 당하지만, 후에는 어둠이 없으리라.

어둠 속을 걷던 백성은 큰 빛을 보고,

죽음의 그늘진 땅에 살던 사람에게 빛이 비추었다.

넘치는 기쁨, 곡식 거둘 때의 즐거움처럼,

전리품 나눌 때의 환희처럼 그들에게 임할 것이다.

무겁게 메였던 멍에와 어깨를 내리치던 채찍,

압제자의 막대기를 주께서 꺾으셨다.

짓밟히던 군화, 피 묻은 군복은

불에 타 사라질 것이다.

이는 한 아기가 우리를 위해 나셨고,

한 아들이 우리에게 주어졌기 때문이다.

그의 어깨에는 주권이 있으며

그의 이름은 '놀라운 지도자, 전능하신 하나님,

영원하신 아버지, 평화의 왕'이라 불릴 것이다.

그가 이끄는 나라는 강성해지고,

끝없는 평화를 누리며,

정의와 공의 위에 세워질 것이다.

만군의 여호와의 열심이 이 일을 이루시고

영원히 보존하실 것이다.” (이사야 9:1-8)

이 예언의 성취로 이 땅에 오신 분이 바로 갈릴리 나사렛 예수님이십니다.

그분 안에는 넘치는 지혜가 있었고,

그분은 참으로 영존하시는 하나님과 같은 분이셨습니다.

그는 전능하신 하나님이시며, 평화의 왕이십니다.

세상은 점차 그의 권세 앞에 복종하고 있습니다.

그분의 공의는 구름이 해를 덮듯이 온 세상을 덮게 될 것입니다.

그날이 오면 전쟁은 그치고, 군인의 무장과 피 묻은 복장은

마치 불에 타는 짚처럼 사라질 것입니다.

주의 광명이 비추는 곳마다

압제의 멍에는 부서지고,

학대의 채찍과 막대기는 꺾일 것입니다.

주의 백성은 날마다, 달마다, 해마다 늘어나고 있습니다.

우리가 사는 이 땅에는 아직 고통이 있지만,

머지않아 어둠은 사라지고,

기쁨이 아침과 함께 찾아올 것입니다.

그 밝은 아침, 광명이 우리를 비추는 그 순간,

모든 눈물은 씻겨지리니,

할렐루야!

마음껏 찬양하십시오.

천지가 진동할 만큼,

듣는 이의 마음을 감동케 할 만큼!

"호흡이 있는 자마다 여호와를 찬양할지어다. 할렐루야!"

26
사랑의 하나님을 사랑하라 (시91:14-16)

"하나님이 이르시뇌 그가 나를 사랑한즉 내가 그를 건지리라,
그가 내 이름을 안즉 내가 그를 높이리라.
그가 내게 간구하리니 내가 그에게 응답하리라.
그들이 환난 당할 때에 내가 그와 함께 하여 그를 건지고 영화롭게 하리라.
내가 그를 장수하게 함으로 그를 만족하게 하며
나의 구원을 그에게 보이리라." (시편 91:14-16)

하나님은 사랑이십니다.

그 사랑을 알고 싶다면 십자가를 바라보십시오.

"우리가 아직 죄인 되었을 때에 그리스도께서 우리를 위하여 죽으심으로 하나님께서 우리에 대한 자기의 사랑을 확증하셨느니라." (로마서 5:8)

하나님은 외아들을 내어주기까지 우리를 사랑하셨습니다.

그렇기에 우리가 하나님을 사랑하는 것은 너무도 당연한 일입니다.

하나님께서 이스라엘을 선택하신 이유는

그들이 강하거나 수가 많아서가 아니었습니다.

오히려 가장 작고 보잘것없는 민족이었기 때문입니다.

“너희를 택하심은 너희가 다른 민족보다 수가 많아서가 아니라,

너희가 모든 민족 중에 가장 작기 때문이다.” (신명기 7:7-8)

하나님은 이렇게 말씀하십니다.

“나를 사랑하고 내 명령을 지키는 자에게는 천대까지 은혜를 베풀

리라.”

그 약속은 지금도 유효합니다.

시편 91편 말씀을 살펴보면

하나님은 그를 사랑하고 그의 이름을 아는 자, 그에게 간구하는

자를 건지시고 응답하시며, 영화롭게 하시겠다고 약속하십니다.

그 사랑은 실제적이며 구체적입니다.

1. 죄에서 건지십니다

이것이 바로 구원입니다.

죄가 있는 곳에는 절망이 있고,

죄의 삯은 사망입니다. (로마서 6:23)

“욕심이 잉태한즉 죄를 낳고, 죄가 장성한즉 사망을 낳느니라.” (야

고보서 1:15)

그러나 우리가 하나님을 사랑할 때,

하나님은 우리를 죄에서 건져 주십니다.

2. 고난에서 건지십니다

"의인은 고난이 많으나 여호와께서 그의 모든 고난에서 건지시는 도다." (시편 34:19)

"내가 여호와께 간구하였더니 내 두려움에서 건지셨도다." (시편 34:4, 17)

인생의 배가 앞으로 나아갈 때,
파도는 뱃전을 강타합니다.
그렇다고 멈출 수는 없습니다.
전진을 포기하면 목적지에 도달할 수 없기 때문입니다.

세상의 세찬 바람, 불안과 공포를 바라보지 마십시오.
그것을 응시할수록 더욱 불안해지고 두려워집니다.
오직 예수님만 바라보십시오.

그분은 우리 대신 고난을 당하셨고, 채찍에 맞고, 형벌을 받으셨습니다. (이사야 53장)

죄에서, 고난에서, 절망에서, 죽음에서, 파멸에서 건짐을 받는 길—
그 길은 오직 하나님을 사랑하는 데 있습니다.

하나님을 사랑하고,

그의 이름을 의지하고,

그를 찬송하십시오.

그분은 반드시 건지시는 하나님이십니다.

주님을 사랑함으로 모든 문제에서 건짐 받는

여러분 되시기를 주님의 이름으로 축원합니다.

할렐루야!

27
마음이 열려야 한다 (행16:11-15)

사도 바울이 처음으로 유럽 땅에 건너가 전도한 도시는 빌립보였습니다.

그곳에서 맺힌 첫 열매는 두아디라 출신의 여상인 루디아였습니다.

주님은 바울을 그 땅으로 인도하셨고, 또한 루디아의 마음을 여셔서 바울의 복음을 받아들이게 하셨습니다.

복음은 마음이 열릴 때 역사합니다.

전도자를 보내시는 분도 주님이시며,

그 말씀을 듣는 이의 마음을 여시는 분도 주님이십니다.

이처럼 복음의 역사는 주님의 인도하심과 개입하심으로 완성됩니다.

루디아의 회개는 진실했습니다.
그녀는 자신이 구원받은 즉시 가족을 인도했고,
전도자인 바울과 동행자들을 자신의 집에 머물게 하며,
기꺼이 선교의 일을 돕는 봉사자가 되었습니다.

"주께서 루디아의 마음을 열어 바울의 말을 청종하게 하신지라."
이 말씀은 지금 우리에게도 동일하게 주어집니다.

한국 초대교회에도 이와 같은 감동의 이야기가 있습니다.
한국에서 제일 먼저 세례를 받은 여인,
전삼덕 권사님은 우부승지 김선주의 아내로,
선교사에게 복음을 듣고 멀리 강서에서 평양까지
가마를 타고 백 리 길을 달려 예배에 참석하셨습니다.

그녀가 세례를 받을 때, 남녀칠세부동석의 유교적 관습 때문에 방 한가운데에 휘장을 치고, 휘장에 작은 구멍을 내어 선교사가 그 구멍으로 손을 넣어 세례를 베풀었다는 감동적인 일화가 전해집니다.

전삼덕 권사님은 예수님을 믿은 후,
자신의 고향 학동에 교회를 세우고,
자기 집을 헐어 성덕학교를 설립했습니다.
직접 교장이 되었고, 며느리를 교사로 세워 여성 교육에 힘을 쏟

앞습니다.

그녀에게 전도받아 목사가 된 이가 다섯이나 되며,

서울 감리교신학교에서 오랫동안 헌신하셨던

김폴린 교수는 바로 전삼덕 권사님의 손녀입니다.

마음을 엽시다.

복음을 받아들입시다.

그리고 받은 복음을 다른 사람에게 전합시다.

그것이 하나님께서 우리에게 맡기신 사명입니다.

● 이 묵상글은 "전도", "회심", "순종", "사명"이라는 키워드를 중심으로
작은 믿음의 시작이 어떻게 공동체와 역사 안에서 이어지는지를 잘 보여줍
니다.

기도

주여, 우리의 마음을 열어 주소서.
약한 자를 택하여 강한 힘을 주시고,
주의 일에 쓰시며,
오늘도 주님의 사역에 저희를 일꾼으로 세워 주소서.

예수님의 이름으로 기도드립니다. 아멘.

28
물이 포도주 되는 잔칫집 (요2:1-2)

물이 포도주 되는 기적은 예수님의 첫 이적입니다.

잔칫집에서 포도주가 떨어진 순간, 예수님은 물을 포도주로 바꾸셨습니다.

이는 단순한 기적 그 이상의 메시지를 담고 있습니다.

예수님이 계신 곳엔 기쁨이 회복됩니다.

1. 우리 삶에 포도주가 있습니까?

철학자 키르케고르는 오늘날의 많은 그리스도인들이 "포도주를 만들지 못할 뿐 아니라, 이미 있던 포도주마저 물로 되돌리고 있다"고 말했습니다.

기독교는 기쁨의 종교입니다.

그런데 오늘날 우리의 가정과 교회, 개인의 삶 속에서 기쁨이 사라지고 있다면 우리는 주님께 솔직히 말씀드려야 합니다.

"주여, 포도주가 떨어졌습니다."

2. 기쁨을 잃은 삶에 임하시는 주님

예수님은 높은 궁전이 아닌, 팔레스타인의 작은 마을 가나의 평범한 혼인 잔치에 가셨습니다.

거기서 기쁨이 끊어진 순간, 물을 포도주로 바꾸시는 기적을 행하셨습니다.

지금도 예수님은 시공간을 초월해 우리의 메마른 삶 한가운데에 찾아오십니다.

기쁨이 사라진 그곳에, 예수님은 기적의 포도주를 채우십니다.

3. 물이 포도주 되는 기적의 조건

물이 포도주로 바뀌려면 몇 가지 믿음의 요소가 필요합니다.

진상을 예수께 알리는 마리아

→ 포도주가 떨어졌다는 사실을 감추지 않고 주님께 아뢰는 신앙.

"무슨 말씀을 하시든지 그대로 하라"는 믿음의 명령

→ 이해되지 않아도 순종하는 자세.

물을 떠다 붓고, 다시 퍼다 준 하인들

→ 순종과 섬김의 행동이 기적을 불러옵니다.

예수님, 마리아, 그리고 말씀을 따르는 하인들만 있으면
물이 포도주로 바뀌는 기적은 반드시 일어납니다.

4. 기독교는 '대접'하는 종교입니다

예수님은 말씀하셨습니다:

"무엇이든지 남에게 대접을 받고자 하는 대로 너희도 남을 대접하라." (마 7:12)

히브리서 기자도 이렇게 권면합니다.

"형제 사랑하기를 계속하고 손님 대접하기를 잊지 말라. 이로써 부지중에 천사들을 대접한 이들도 있었느니라." (히 13:1-2)

아브라함은 손님을 대접했고,
그 손님 가운데 여호와 하나님이 계셨습니다.
그 대접으로 기적의 아들, 이삭을 얻는 축복을 받았습니다.
대접하는 곳에 기적이 일어납니다.
주는 자가 복이 있습니다.

5. 젊음은 '대접하는 마음'에 있습니다

어떤 이는 말합니다.

“믿음으로 대접하는 사람은 영원히 젊음을 잃지 않는다.”

육신은 늙어가지만,

영혼은 섬김과 대접 속에서 늘 젊음을 유지할 수 있습니다.

기독교는 “처음보다 나중이 더 좋은 종교”입니다.

예수님의 은혜 안에서 우리의 삶도

오늘보다 내일이, 이 땅보다 내세가 더 복된 삶이 됩니다.

할렐루야!

포도주가 떨어졌습니까? 주님께 알리십시오.

이해되지 않아도 주의 말씀에 순종하십시오.

기쁨 없는 세상에서 섬기고 대접하십시오.

그러면 물이 포도주 되는 삶이 반드시 임할 것입니다.

기도

주여, 내 삶의 포도주가 떨어졌습니다.
주님, 다시 채워주시고
주님 주시는 기쁨으로 살게 하소서.
나도 남을 기쁘게 하고, 대접하며 살아가게 하소서.

예수님의 이름으로 기도합니다. 아멘.

29
내 손으로 일하고 떳떳하게 살아가자 (엡4:26)

본문: 에베소서 4장 28절

"도둑질하는 자는 다시 도둑질하지 말고 돌이켜 가난한 자에게 나눠 줄 수 있도록 제 손으로 수고하여 선한 일을 하라."

바울 사도는 에베소 교인들에게 말했습니다.

"제 손으로 수고하여 선한 일을 하십시오."

이 말은 단순히 생계를 유지하라는 수준을 넘어서, 노동을 통한 나눔, 곧 책임 있는 삶을 살아가라는 권면입니다.

어느 나라 임금님이 시골길을 지나가다 한 노인이 나무를 심는 모습을 보게 되었습니다. 임금은 그 노인에게 물었습니다.

"노인장, 젊었을 때 조금만 더 열심히 일하셨다면 지금 이렇게 힘든 일 안 해도 될 텐데요?"

그러자 그 노인은 웃으며 대답했습니다.

"저는 젊을 때도 일했고, 늙은 지금도 일합니다.

건강이 허락하는 한 저는 계속 일하고 싶습니다."

이 노인은 백세가 넘은 고령이었지만, 지금 심는 나무의 열매를
자신이 먹지 못할지라도 후손들을 위해 심는다는 마음으로 땅을 파
고 나무를 심었습니다.

그는 과거에 조상들이 자신을 위해 수고했던 것처럼,

자기도 다음 세대를 위해 남기고자 했던 것입니다.

얼마 전 한 젊은 목사님에게 전화가 왔습니다.

"목사님, 제가 뭐 좀 도와드릴까요? 필요한 게 있으시면 말씀만
하세요."

이 따뜻한 말에도 저는 마음이 복잡하고 섭섭해졌습니다.

일생을 남을 도우며 살아온 제가 이제는 남의 도움을 받아야 하는
존재가 되었구나, 그런 생각이 들었기 때문입니다.

이제는 힘도 예전 같지 않고, 글 한 줄 쓰는 것도 쉽지 않지만

그 부족한 글을 끝까지 읽어주는 분들이 있다는 말에

정말 감사했고, 춤이라도 출 만큼 기뻤습니다.

그래서 성경은 우리에게 말합니다.

"일을 하라!"

그리고 이렇게 덧붙입니다.

“노동은 신성하다.”

실제로 유대의 랍비들 중에는 다양한 직업을 가진 이들이 있었습니다.

나무 장수, 숯을 굽는 사람, 가죽을 무두질하는 피장이, 구두 수선공, 석수장이는 물론, 심지어 무덤 파는 일을 하는 랍비도 있었습니다.

그들은 자신의 노동을 부끄러워하지 않았고,

오히려 그 일을 거룩하게 여기며 수행했습니다.

노동의 신성함은 바로 여기에 있습니다.

자신이 하는 일을 하찮게 보지 않고, 거기서 사명과 의미를 발견할 때 비로소 위대한 정신력과 믿음의 열매가 열립니다.

우리 주 예수님도 노동자이셨습니다.

십자가에 못 박히시기 전부터, 이미 그 손은 못이 박힌 손이었습니다.

목수로 일하시며 톱질하고 대패질하며 망치를 들었던 거칠고 굳은 손이었습니다.

예수님은 말씀하셨습니다.

“내 아버지께서 지금도 일하고 계시니, 나도 일한다.” (요 5:17)

"나는 심부름하는 사람으로 왔다." (눅 22:27)

그리고 마침내, 마지막까지 섬기고 일하시며
"다 이루었다" (요 19:30) 하시고 숨을 거두셨습니다.

우리가 예수님이 계신 곳에 함께 있고,
하나님께 사랑받는 존재가 되려면
우리도 섬기고, 일하고, 심부름하는 사람이 되어야 합니다.
지금 힘이 있다면, 기꺼이 일하며 살아갑시다.

기도

내 안에 함께 계시는 하나님,
저는 약하나 당신은 강하십니다.
능력 많으신 주님, 맡겨주신 일에 최선을 다하게 하옵소서.
주님의 손처럼, 저의 손도 귀하게 써주시옵소서.

예수님의 이름으로 기도합니다. 아멘.

30
기뻐하고 즐거워하라 (스바냐3:17)

하나님은 지금도 우리 가운데 계십니다.

그분은 의로우신 분이라 불의와 타협하지 않으시며,

아침 햇살처럼 밝고 정직한 판결을 내려주시는 분이십니다.

하지만 스바냐 선지자 시대의 사람들은 하나님의 명령을 듣지 않았습니다.

교훈을 받지도 않고, 하나님을 의지하지도 않았으며, 스스로 하나님께 가까이 나가려 하지도 않았습니다. 정치 지도자, 재판관, 선지자, 제사장― 모두가 타락하고 죄 가운데 있었습니다.

정치는 폭력적이고 이기적이었으며, 종교는 오만하고 위선적이었습니다.

하나님을 경외하기는커녕 그분을 업신여겼습니다.

이것이 당시 '선민'이라 불리던 백성들의 상태였습니다.

그리고 오늘 우리에게 묻는다면,
"너희는 과연 그들과 무엇이 다른가?"
솔직히 우리도 고개를 숙일 수밖에 없습니다.
우리 역시 하나님의 말씀을 외면하고, 의지하지 않으며,
자신을 의롭다 여기며 스스로 중심이 되어 살아가곤 합니다.

그런데도 놀라운 사실은
하나님은 그때도, 지금도 우리 가운데 계신다는 것입니다.
그리고 우리를 떠나지 않으시고, 여전히 사랑하십니다.

그 하나님은 어떤 분이신가요?
그분은 우리에게 구원을 베푸시며,
우리를 승리하게 하시는 전능자이십니다.
우리는 연약하지만, 내 속에 계신 하나님은 강하신 분입니다.
그래서 유혹도, 시련도, 세상의 환란도
그분의 능력 안에서는 이겨낼 수 있습니다.

예수님은 말씀하셨습니다.
"세상에서는 너희가 환난을 당하나 담대하라, 내가 세상을 이기었
노라." (요 16:33)
그는 구원의 용사, 우리의 구원자 되시는 하나님입니다.
우리를 억누르는 죄와 고통 속에서도

우리를 구해내시고 이기게 하시는 분입니다.

스바냐 선지자는 그 하나님 앞에서 기뻐하라고 말합니다.
왜냐하면 하나님께서 우리를 보고 기뻐 반색하시며,
명절 날 춤을 추듯 즐거워하신다고 했기 때문입니다.

"너를 보고 기뻐 반색하시리니, 사랑도 새삼스러워라. 명절이라도
된 듯 기쁘게 더덩실 춤을 추시리라." (스바냐 3:17, 공동번역)

이 얼마나 놀라운 말씀입니까?
하나님이 우리를 기뻐하신다는 것입니다.
우리는 자주 실망스럽고, 부족하고, 변덕스럽지만
그분은 우리로 인해 기쁨을 이기지 못하신다고 하셨습니다.

예레미야 32장 41절에서 하나님은 이렇게 말씀하십니다.
"내가 기쁨으로 그들에게 복을 주리라."

하나님이 우리를 사랑하신다는 사실은 단순한 감정이 아니라, 하나
님의 존재 그 자체, 곧 사랑이신 하나님의 본질이 드러나는 순간입니다.

요한일서 4장 16절은 말합니다.
"우리는 하나님이 우리를 사랑하시는 사랑을 알고 또 믿었느니라.

하나님은 사랑이시라."

사랑 안에 있는 사람은 하나님 안에 있고,
하나님도 그 사람 안에 계십니다.

하나님은 조용히, 그러나 깊이 우리를 사랑하시며
기쁨을 이기지 못하십니다.
성경은 하나님이 우리를 기뻐하시는 모습을
신랑이 신부를 기뻐하는 것 같다고 묘사합니다.

우리가 하나님께 드릴 수 있는 최고의 응답은
그 기쁨과 사랑 앞에서
우리도 기뻐하고 즐거워하는 것입니다.

기도

사랑의 하나님,
죄 많고 연약한 저희를 여전히 사랑하시고
기쁨을 이기지 못하신다 하시니 감사합니다.
저희 안에 계셔서 구원의 힘을 주시고
이 세상을 이길 수 있도록 능력 주심에 감사드립니다.
오늘도 그 사랑 앞에 기뻐하며 즐거워하게 하옵소서.

예수님의 이름으로 기도합니다. 아멘.

31
적은 것에 대한 관심 (눅12:32)

예수님은 세리와 죄인의 친구가 되셨습니다.

그들과 함께 앉아 음식을 나누셨을 때,

바리새인과 서기관들은 제자들에게 따져 물었습니다.

"어찌하여 너희 선생은 세리와 죄인들과 함께 먹느냐?"

이 말을 들으신 예수님께서는 이렇게 말씀하셨습니다.

"건강한 자에게는 의사가 필요 없고,

병든 자에게라야 쓸 데 있느니라.

나는 의인을 부르러 온 것이 아니요,

죄인을 불러 구원하러 왔노라." (마태 9:12-13)

죄인들과 사귀는 것조차 꺼려하던 시대에,

예수님은 그들과 음식을 함께 나누셨습니다.

왜냐하면 그들의 필요를 아셨고,

그들 속에 있는 희망을 보셨기 때문입니다.

예수님은 그들이 있는 곳으로 찾아가셨습니다.

바리새인들은 세리와 죄인들에게 더러움이 옮을까 두려워

옷자락을 감싸쥐고 피했지만,

예수님은 거룩한 사랑으로 그들의 죄와 더러움을 씻어주셨습니다.

의사가 길 건너에서 환자를 고칠 수 없는 것처럼,

하늘 위에서 인간을 구원하실 수 없기에

말씀이 육신이 되어 우리 가운데로 오셨습니다. (요한복음 1:14)

예수님은 사람들로 붐비는 절기 때도

예루살렘이 아닌 베데스다 연못의 병자들을 찾아가셨고,

잔치를 열 때에는 부유한 이웃이 아닌

가난한 자, 불구자, 절름발이, 소경을 초대하라고 하셨습니다.

하나님 나라의 집을 채우는 일도 거리와 골목에 나가

소외된 자들을 데려오라고 명하셨습니다.

누가복음 15장의

잃은 양, 잃은 드라크마, 잃은 아들 비유는

죄인들을 향한 예수님의 관심을 정당화시키는 이야기입니다.

100마리 중 1마리, 10개 중 1개를 잃은 이야기—

작은 것, 소외된 것, 잊힌 것에 대한
예수님의 애절한 사랑을 보여줍니다.

오병이어로 오천 명을 먹이신 후 남은 부스러기를 다 모으라 하신
것도, 하나님의 나라에는 아무것도 버려지는 것이 없음을 보여주신
것입니다.

예수님의 시선은 언제나 작은 자에게,
예수님의 손길은 언제나 약한 자에게,
예수님의 발걸음은 언제나 잃은 자에게 향했습니다.

"적은 무리여, 무서워 말라. 너희 아버지께서 그 나라를 너희에게
주시기를 기뻐하시느니라." (누가 12:32)

약한 자를 강하게 하시고,
없는 자를 넉넉하게 하시며,
어리석은 자에게 지혜를 주시고,
죄인을 의인 삼아 주시는 예수님, 감사합니다.
오늘도 그 사랑을 기억하며,
날마다 기뻐하고 즐겁게 찬양하며 살게 하소서.

예수님의 이름으로 기도합니다. 아멘.

32
사죄 받은 행복 (시편32:1)

다윗은 죄를 범한 뒤, 깊은 회개와 눈물로 하나님 앞에 나아갔습니다.

그는 죄 사함의 은혜를 경험한 뒤 이렇게 고백합니다.

"허물을 사함받고 죄가 가리워진 자는 복이 있다."

그 복은 권세도, 건강도, 장수도 아닌, 바로 "용서받은 자의 평안"입니다.

사도 바울도 죄의 문제 앞에서 깊은 고뇌에 빠졌습니다.

"오호라 나는 곤고한 사람이로다! 이 사망의 몸에서 누가 나를 건져내랴" (로마서 7:24)

그러나 그는 예수 그리스도의 십자가에서 해답을 발견했습니다.

"그러므로 이제 그리스도 예수 안에 있는 자에게는 결코 정죄함이 없나니..." (로마서 8:1)

성경에서 가장 행복한 사람을 한 명 꼽는다면,

누가복음 23장에 나오는 '회개한 강도'일 것입니다.

그는 생의 마지막 순간,

"예수여, 당신의 나라에 임하실 때 나를 기억하소서"라고 기도했습니다.

그러자 예수님은 말씀하셨습니다.

"오늘 네가 나와 함께 낙원에 있으리라."

예수님은 그의 과거를 묻지 않으셨고,

오직 회개하는 마음 하나로 그를 용서하셨습니다.

그는 더 이상 정죄받을 자가 아니라,

하나님께 용납받은 복 있는 자가 된 것입니다.

십자가는 단순한 형틀이 아닙니다.

그것은 죄인을 용서하시고 품으시는 하나님의 사랑의 상징입니다.

믿음이란 "예수님의 십자가가 오늘의 나를 있게 하셨다"는 고백입니다.

그리고 이 고백을 날마다 반복하며 살아가는 사람이 진짜 복된 사람입니다.

오늘날, 죄에 대한 감각을 상실한 시대 속에서,

성도는 날마다 십자가 앞에 나아가
자신의 죄를 자백하고
사죄의 은혜를 사모해야 합니다.

왜냐하면,
인생은 결국 죽음을 향해 걸어가는 여정이며,
그 끝에서 우리는 하나님 앞에 서야 하기 때문입니다.

주님,
죄와 허물로 인해 무너질 때마다
십자가를 바라보게 하소서.
나를 위해 흘리신 피로 나의 죄를 가려주시고,
진정한 사죄의 은혜를 깨닫게 하소서.

사함 받은 자로서의 기쁨과 자유를 누리며,
날마다 행복한 믿음의 길을 걷게 하소서.

예수님의 이름으로 기도합니다. 아멘.

33
감사하라 (골3:15)

11월은 감사의 계절입니다.

풍성한 결실과 함께 지나온 한 해를 돌아보며,

우리 삶에 베푸신 하나님의 은혜를 깊이 묵상할 때입니다.

감사의 계절에 우리는 무엇을 감사해야 할까요?

1. 자연 속에 담긴 하나님의 은혜 (시 136:5-9)

하늘을 펼치신 하나님,

땅을 세우신 하나님,

해와 달과 별을 주관하시는 하나님…

그분의 솜씨는 사계절에 깃들어 있고,

그분의 사랑은 아침 햇살에도 담겨 있습니다.

우리의 숨결,

우리 곁을 스치는 공기,

저 푸른 하늘과 따스한 햇살까지—

모두 하나님이 베푸신 선물입니다.

"그 인자하심이 영원하심이라" (시 136 반복)

2. 과거를 통해 증명된 하나님의 인도 (시 136:10-22)

잠시 눈을 감고,

지나온 삶을 조용히 돌아보십시오.

죄악에서 건지신 은혜 (11-12절)

막다른 길에서 길을 여신 손길 (13-14절)

원수의 손에서 건지신 보호 (15, 20, 24절)

평안히 인도하시고 기업을 주신 축복 (16, 21~22절)

우리는 하나님의 은혜로 여기까지 왔습니다.

"여호와의 자비와 긍휼이 무궁하시므로 우리가 진멸되지 아니함
이니이다." (예레미야 애가 3:22)

감사는 감격에서 나옵니다.

그리고 감격은 기억에서 시작됩니다.

은혜를 잊지 말고, 은혜를 셈하십시오.

3. 긍휼의 하나님을 향한 감사

하나님은 슬픔을 기쁨으로,

고통을 평안으로 바꾸시는 분이십니다.

탕자의 비유에서,

아버지는 죄 많은 아들을 따뜻이 안아주시고

기쁨으로 맞아 주셨습니다.

이것이 은혜입니다.

받을 자격 없는 자에게 값없이 주신 사랑.

오늘도 우리를 그렇게 품으시는 하나님께

감사의 고백을 드려야 합니다.

4. 일상의 공급하심에 대한 감사 (시 136:25-26)

우리를 위해 비를 주시고,

햇볕을 비추시고,

곡식을 자라게 하시는 하나님.

우리의 밥상에 놓인 떡 한 조각,

따뜻한 집과 계절 따라 바뀌는 자연…

이 모든 것이 주님의 손에서 온 축복입니다.

하나님은 모든 육체에게 식물을 주시는 분이십니다. (26절)

나는 오늘 무엇에 감사하고 있는가?

너무 익숙해서 감사하지 못한 은혜는 없는가?

감사는 내 일상의 언어가 되고 있는가?

하나님 아버지,
하늘을 만드신 손길,
나를 구원하신 은혜,
오늘도 먹이시는 사랑에 감사드립니다.

감사가 나의 삶이 되게 하시고,
감사가 나의 별명이 되게 하옵소서.

"여호와께 감사하라,
그 인자하심이 영원하심이로다."

예수님의 이름으로 기도합니다. 아멘.

34
감사의 마음 가짐 (고후9:10-11)

"심는 자에게 씨와 먹을 양식을 주시는 이가
너희 심을 것을 주사 풍성하게 하시고
너희의 의의 열매를 더하게 하시리니
너희가 모든 일에 넉넉하여 너그럽게 하면
그들이 우리로 말미암아 하나님께 감사하게 하는 것이라."
(고린도후서 9:10-11)

감사절을 앞두고 우리는 무엇을 준비해야 할까요?
곡식을 거두는 계절, 풍성한 식탁을 차리기 전에
우리는 먼저 감사의 마음을 준비해야 합니다.

성경은 감사절의 예물을 드리는 우리의 태도와 자세에 대해 분명
하게 가르쳐 줍니다.

1. 미리 준비된 감사

"너희 열성이 여러 사람에게 자극이 되었다" (고후 9:2)

마게도냐 성도들은 일 년 전부터 감사의 예물을 예비했습니다.
감사는 즉흥이 아닙니다.
정성과 계획이 담긴 헌신입니다.

하나님은 기분에 따라 형식적으로 드리는 것이 아니라,

신중히 준비된 예배와 헌물을 기뻐하십니다.

마음을 담아 준비하십시오.

시간을 내어 감사의 내용을 돌아보십시오.

2. 인색하거나 억지로 하지 말라

"즐겨 내는 자를 하나님이 사랑하시느니라" (고후 9:7)

감사는 억지로 하는 의무가 아니라,

기쁨으로 드리는 고백입니다.

마지못해 드리는 예물은 하나님을 기쁘시게 할 수 없습니다.

감사는 양보다 자세가 중요합니다.

하나님은 독생자 예수님을 아낌없이 내어주셨습니다.

우리는 그 사랑을 기억하며,

자원하는 마음으로 기쁨의 제사를 드려야 합니다.

3. 예수 그리스도, 최고의 은사

"말로 다 할 수 없는 그의 은사로 말미암아 하나님께 감사하노라"
(고후 9:15)

감사의 이유는 많지만,

그 중 가장 큰 이유는 바로 예수 그리스도입니다.

예수님은 하나님이 주신 최고의 선물입니다.

우리는 그 은혜로 구원받았고,

그 은혜로 살아갑니다.

"너희가 그 은혜로 인하여 믿음으로 말미암아 구원을 얻었으니…

하나님의 선물이라" (에베소서 2:8)

믿음도 은혜입니다.

삶도 선물입니다.

그러니 우리는 감사해야 마땅합니다.

나는 감사절을 어떤 마음으로 준비하고 있는가?

억지로 내거나 체면 때문에 드리는 감사는 아닌가?

내 인생의 '예수님'이라는 선물을 날마다 감사하고 있는가?

하나님 아버지,
올해도 추수감사절을 지키게 하심을 감사합니다.
내 삶의 모든 순간을 감사로 채우게 하시고,
기쁨으로 예배하며 드릴 예물을 정성껏 준비하게 하옵소서.

예수님을 주신 것처럼
아낌없이 사랑하고 감사하는 자가 되게 하시고,
하나님을 기쁘시게 하는 감사절이 되게 하옵소서.

예수님의 이름으로 기도드립니다. 아멘.

35
감사하는 모습을 보여 주자 (창8:20-21)

하나님의 심판으로 시작된 370일간의 홍수.

모든 것이 쓸려 내려가고, 생명의 흔적조차 사라진 그곳에서

단 여덟 사람, 노아와 그의 가족만이 방주에 의해 보호받았습니다.

드디어 홍수가 멈추고, 마른 땅이 드러났습니다.

심판 후의 첫 발걸음을 내딛으며, 노아는 무엇보다 먼저 감사의
제단을 쌓았습니다.

1. 감사는 본능이 아닌 결단입니다

노아는 상황이 안정된 후, 집을 짓거나 생존을 준비하기 전에 제
일 먼저 감사부터 드렸습니다.

이는 그가 환경보다 하나님을 먼저 생각했음을 보여줍니다.

하나님은 그 감사의 제사를 "향긋한 냄새"로 받아 주셨습니다.

이는 제물의 양이 아니라 노아의 마음을 보셨다는 뜻입니다.

믿음 없는 예배와 감사는 하나님께 기쁨이 되지 않습니다.
값비싼 제물도, 형식적인 감사도
하나님은 "지겹다, 구역질 난다, 참을 수 없다"라고 하셨습니다.
(이사야 1:11-14)

하나님은 오늘도 감사의 마음을 원하십니다.

2. 감사의 향기는 축복을 부릅니다

노아의 감사는 하나님의 마음을 움직였습니다.
하나님은 다시는 땅을 저주하지 않겠다고 약속하셨고,
자연의 리듬을 회복시키셨습니다.

"땅이 있는 한 뿌리는 때와 거두는 때, 추위와 더위, 여름과 겨울,
밤과 낮이 쉬지 않고 오리라." (창 8:22)

한 사람의 감사하는 마음이 전 인류에게 은총을 불러온 것입니다.

3. 감사하는 사람의 얼굴은 다릅니다

홍수 이후, 만일 땅에 '눈'이 있었다면
제일 먼저 본 것은 무엇이었을까요?

노아가 감사하며 하나님께 예배하는 모습이었을 것입니다.

우리의 인생도 그러해야 합니다.

나로 인해 다른 사람이 축복받고,

내 감사를 통해 하나님의 기쁨이 전해지는 인생.

그것이 감사하는 자의 삶입니다.

나는 위기 이후, 가장 먼저 하나님께 감사를 드리는가?

감사의 표현이 내 일상과 태도에 드러나고 있는가?

내 감사를 통해 누군가 위로를 받고, 복을 누리고 있는가?

● 감사는 상황의 반응이 아니라 신앙의 표현입니다.
　감사하는 자를 통해 하나님은 세상을 새롭게 하십니다.

36
물질에서 자유 (눅12:13-21)

예수님께서는 한 부자의 이야기를 비유로 들려주십니다.

어느 부자 농부가 풍년을 맞아 큰 기쁨에 들떠,

더 큰 창고를 짓기로 결심합니다.

그는 속으로 말합니다.

"내 영혼아, 여러 해 쓸 물건을 많이 쌓아 두었으니 평안히 쉬고 먹고 마시고 즐기자." (눅 12:19)

그러나 그 밤에 하나님께서 말씀하십니다.

"어리석은 자여, 오늘 밤 네 영혼을 도로 찾으리니 네가 준비한 것이 누구의 것이 되겠느냐?" (눅 12:20)

이 말씀은 단지 그 부자 한 사람만을 향한 것이 아닙니다.

오늘을 살아가는 우리 모두를 향한 경고이자 초청입니다.

소유의 넉넉함이 생명의 넉넉함은 아닙니다.

성경은 거듭 말합니다.

"돈을 사랑치 말고 있는 바를 족한 줄로 알라." (히브리서 13:5)

"지족(知足)하는 마음이 있으면 경건에 큰 이익이 되느니라." (디모데전서 6:6)

"돈을 사랑함이 일만 악의 뿌리가 되느니라." (디모데전서 6:10)

탐심은 하나님보다 물질을 더 신뢰하고 기대는 마음입니다.
그 탐심으로 인해 가룟 유다, 아간, 게하시와 같은 자들이
하나님의 축복을 버리고 타락했습니다.

탐심은 가정을 흔들고, 사회를 부패시키고, 국가 간 전쟁을 일으킵니다.
그리고 무엇보다 신앙에서 떨어지게 만듭니다.
탐심은 모든 악의 뿌리입니다.

그리스도인은 물질의 종이 아니라, 청지기입니다.
우리는 세상의 소유에 끌려 다니는 존재가 아니라
하나님 나라를 먼저 구하며, 그 뜻을 이 땅에 실현할 자입니다.

예수님께서 말씀하셨습니다.
"너희는 먼저 그의 나라와 의를 구하라. 그리하면 이 모든 것을 너희에게 더하시리라." (마태복음 6:33)

하나님은 우리 삶에 필요한 것을 풍성히 채우시는 분입니다.

그러나 그분은 우리의 주인이시지,

우리의 종이 아니십니다.

우리가 물질을 소유할 때

그 물질이 우리의 마음까지 지배하게 해서는 안 됩니다.

오히려 하나님을 소유한 자로서

물질을 자유롭게 다스리는 사람이 되어야 합니다.

기도

아버지 하나님,
풍족한 세상 속에서
자족하는 믿음으로 살게 하소서.

물질의 유혹에 휘둘리지 않고
하나님을 주인으로 모시며
그 나라와 그 뜻을 먼저 구하게 하소서.

오늘 밤,
내 영혼을 불러가실지라도
두려움 없이 설 수 있도록
믿음과 사랑으로 하루하루 준비하게 하소서.

예수님의 이름으로 기도합니다. 아멘.

37
목자되신 예수님 (시23:1-3)

"여호와는 나의 목자시니 내게 부족함이 없으리로다." (시편 23:1)

시편 23편은 세월이 흘러도 여전히 우리의 영혼을 어루만지는 말씀입니다.

이 시는 다윗이 자신의 목자 경험을 바탕으로 하나님과의 깊은 신앙적 교제를 고백한 시편입니다.

수천 년 동안, 슬픔과 고통 속에 있는 사람에게 위로를 주고,
길 잃은 자에게 방향을 제시하며,
죽음 앞에 선 자에게 담대함을 주었습니다.

선한 목자 예수님은 친히 말씀하셨습니다.
"나는 선한 목자라. 선한 목자는 양들을 위하여 자기 목숨을 버리느니라." (요한복음 10:11)

"나는 내 양을 알고 내 양도 나를 안다.

아버지께서 나를 아시고 나도 아버지를 아는 것 같이,

나는 양들을 위하여 목숨을 버린다." (요한복음 10:14-15)

선한 목자이신 주님은

우리를 안식의 물가로 인도하시고 생명의 길로 인도하십니다.

우리가 인생의 길을 잃지 않도록 항상 앞서 걸어가시며

험한 골짜기 가운데서도 우리와 함께 동행하시고, 보호하십니다.

시편 23편의 축복은 단순한 시가 아닙니다.

그리스도를 목자로 삼는 자에게 주어지는 구체적인 은혜의 약속

입니다.

모든 은혜가 주어집니다

"푸른 초장에 누이시며 쉴만한 물가로 인도하시는도다." (1-3절)

모든 두려움이 제거됩니다

"내가 사망의 음침한 골짜기로 다닐지라도 해를 두려워하지 않을

것은…" (4절)

모든 소원이 성취됩니다

"내 잔이 넘치나이다… 영원히 여호와의 집에 거하리로다."(5~6절)

양이 해야 할 일은

목자의 보호와 인도는 양의 반응을 필요로 합니다.

즉, 우리는 목자의 음성에 귀 기울이며 따르는 삶을 살아야 합니다.

목자의 음성을 듣고 따라가야 합니다

"내 양은 내 음성을 들으며… 나를 따르느니라." (요 10:27)

모든 것을 주를 위해 드려야 합니다

양은 목자에게 털도, 젖도, 삶도 드립니다.

우리 역시 우리의 시간과 물질, 삶 전체를 주께 드려야 합니다.

생명을 낳는 양이 되어야 합니다.

믿음의 자녀, 제자를 낳고 기르는 영적 생산성이 필요합니다.

새끼 못 낳는 양이 되지 맙시다.

아버지 하나님,
목자 되신 예수님의 음성을 듣게 하시고
그를 따라가는 양으로 살게 하소서.

주님께 내 삶 전부를 드리며
주님 뜻대로 순종하며 살게 하소서.
내 삶을 통해 생명이 태어나고
믿음의 열매가 맺히게 하소서.

예수님의 이름으로 기도드립니다. 아멘.

4부

공동체와 섬김의 자리에서

교회는 하나님 나라의 모형이며, 신앙인은 공동체를 통해 하나님을 섬깁니다. 정종국 목사님은 작은 교회에서부터 다양한 이웃들과 더불어 살아가는 공동체 안에서 말씀을 붙들고 섬기며 사셨습니다.

이 장에서는 그가 몸담았던 교회와 사람들 속에서 흘러나온 사랑과 섬김, 그리고 회복의 이야기들이 담겨 있습니다. 우리가 속한 공동체 역시 하나님의 말씀 위에 서기를 바라며 이 글들을 나눕니다.

38
섬기러 오신 예수님 (요12:26)

세상 사람들은 대부분 섬기는 것보다 섬김 받는 것,

낮은 자리보다 높은 자리에 앉기를 원합니다.

세상은 섬기는 자를 약하게 여기지만,

하나님은 섬기는 자를 귀하게 여기십니다.

예수님께서도

"나는 섬김을 받으러 온 것이 아니라, 도리어 섬기기 위해,

내 생명을 많은 사람을 위한 대속물로 주기 위해 왔다" (마태복음
20:28)고 하셨습니다.

또 누가복음 22:27에서는

"앉아서 먹는 자가 크냐, 섬기는 자가 크냐?

앉아서 먹는 자가 아니냐? 그러나 나는 섬기는 자로 너희 중에 있

노라.”고 말씀하셨습니다.

신앙생활은 예수님을 닮아가는 삶입니다.
그렇다면 예수님은 어떤 분이셨는지 함께 돌아보겠습니다.

1. 하늘에서 땅으로 내려오신 예수님

사람은 더 높은 자리를 탐하지만,
예수님은 하늘의 영광을 뒤로하고 이 땅에 내려오셨습니다.
우리는 이 예수님의 겸손을 본받아야 합니다.

2. 제자들의 발을 씻기신 예수님

예수님은 만왕의 왕이시며, 모든 만물의 주인이십니다.
그런 분이 종의 모습으로 오셔서, 제자들의 발을 씻기셨습니다.
그리고 이렇게 말씀하셨습니다.
“내가 너희 주와 선생이 되어 너희 발을 씻겼으니,
너희도 서로 발을 씻기는 것이 옳으니라.” (요한복음 13:14)

우리도 서로를 섬기는 삶을 살아야 합니다.

3. 우리를 위한 대속물이 되신 예수님

예수님은 우리의 죄를 자기 죄처럼 짊어지시고,
우리의 고통을 당신의 고통처럼 안으셨습니다.

십자가에서 생명을 내어주신 그분의 희생을 통해
우리는 희생적인 삶이 무엇인지 배우고
그대로 실천해야 합니다.

이렇게 살아가는 사람만이 주님 계신 나라에 이를 수 있고,
그런 사람을 하나님께서는 귀히 여기십니다.

사랑하는 성도 여러분,
여러분은 하나님 나라를 원하십니까?
하나님께 귀여움 받기를 원하십니까?

그렇다면 예수님을 섬기십시오.
그분의 삶을 본받아,
겸손히 섬기며 살아가십시오.

그럴 때 하나님의 나라가 여러분의 소유가 되고,
여러분은 하나님의 존귀한 자녀가 될 것입니다.
나사렛 예수 그리스도의 이름으로 축원합니다. 아멘.

하늘 보좌를 떠나 이 땅에 오신 예수님,
섬김을 받으러 오시지 않고 섬기러 오신 주님,
대속물이 되기 위해 오신 주님을 닮아 살기를 원합니다.

가정에서도, 교회에서도, 사회에서도
주님처럼 섬기는 자,
역사를 이끄시는 주님의 일꾼이 되게 하소서.
종 중의 종, 일꾼 중의 일꾼 되게 하소서.

예수님의 이름으로 기도드립니다. 아멘.

39
개인 전도자 안드레 (요1:41-42)

안드레는 예수님을 따라가 하루 밤을 지내며 깊은 감화를 받고 온전히 회심하였습니다.

그리고 이튿날 아침, 그는 제일 먼저 자기 형 시몬을 찾아가 말했습니다.

"우리가 메시아를 만났다! 발견했다!"

이는 유대 역사 4,000년 가운데서도 가장 큰 발견이었습니다.

정말 놀라운 사건이었고, 그 경이로움은 요한복음 전체를 흐르는 사상입니다.

빌립, 나다나엘, 사마리아 여인, 날 때부터 맹인이었던 사람,
나사로의 무덤에 모인 군중, 의심 많던 도마까지—
예수님을 만난 이들은 모두 깜짝 놀라며 고백했습니다.
"구세주를 만났다! 발견했다!"

안드레 역시 그 기쁨을 가만히 둘 수 없어 시몬을 이끌고 예수님께로 왔습니다.

이것이 개인 전도의 모범이며, 가족 전도의 첫걸음이었습니다.

한 가문이 구원받아야 합니다.

그 후 안드레는 어린아이 한 사람을 예수께 인도했고, 헬라 사람 몇을 예수님 앞으로 데려왔습니다.

그는 성경 속에 기록된 유명한 개인 전도자였습니다.

그래서 오늘날에도 '안드레 전도법'을 실천하는 교회와 교단이 많습니다.

만일 안드레가 없었다면, 하루 아침에 3천 명을 회개로 이끈 베드로도 없었을지 모릅니다.

이방인의 복음, 초대교회의 역사를 담은 사도행전도 기록되지 못했을지 모릅니다.

벳새다 들판에서 5천 명이 굶주려 쓰러졌을 때, 어린아이의 보리떡 다섯 개와 물고기 두 마리를 예수께 드린 사람도 없었을 것입니다.

그렇다면 예수님은 궁지에 몰려 구세주가 아니라 살인죄인으로 몰려 처형되셨을지도 모릅니다.

사랑하는 여러분,

교회가 약하다고 말하지 맙시다.

재정이 부족하다고 말하지 맙시다.

차라리 신앙이 없다고 하면 모를까, 안드레와 같은 개인 전도자가 있으면, 보리떡 다섯 개와 물고기 두 마리를 가진 어린이는 언제나 있습니다.

그들을 예수 앞에 앉히기만 하면, 교회는 부흥할 것이며, 재정은 쓰고도 남아 부스러기 12광주리를 거두게 될 것입니다.

이는 37년 목회 경험으로 얻은 사실입니다.

우리 모두 안드레처럼 개인 전도자가 됩시다.

기도

주여, 안드레 같은 개인 전도자가 되게 하옵소서.
우리 친척 중에 아직 믿지 않는 자들을 예수님 앞으로 데려오게 하옵소서.

예수님의 이름으로 기도드립니다. 아멘.

40
더욱 열심히 모이라 (히10:35)

"어떤 사람들의 습관과 같이 모이기를 중단하지 말고,
서로 격려하여, 주님이 오실 날이 가까울수록 더욱 모이기를 힘쓰라."
(히브리서 10:25)

하나님은 우리에게 함께 모이기를 권면하십니다.

예수님도 이렇게 말씀하셨습니다.

"두세 사람이 내 이름으로 모인 곳에는 나도 그들 중에 있느니라."
(마태복음 18:20)

예수님의 이 말씀을 들은 제자들은

주님이 승천하신 뒤, 마가의 다락방에 120명이나 모였습니다.

그들은 "마음을 같이하여, 한 곳에 모여" 간절히 기도했고,

그 결과 성령의 충만함을 받았습니다. (사도행전 1:14, 2:1)

1. "모이기를 중단하지 말라"

예배당에 오면 종종 이런 기도를 듣습니다.

"안식일에 주의 전을 찾아올 수 있어 감사합니다."

그러나 '안식일'과 '주일'은 분명히 다릅니다.

이 둘을 혼동하지 않아야 합니다.

안식일					주일

일주일의 마지막 날 (토요일) / 일주일의 첫날 (일요일)

예수님께서 무덤에 계셨던 날 / 예수님께서 부활하신 날

율법에 속한 날 / 은혜에 속한 날

주일은 새로운 창조가 시작된 날,

하나님의 은혜가 임한 날입니다.

초대교회는 매 주일,

예수님의 부활을 기념하며 모여 예배드렸습니다.

"그 주간의 첫날에 우리가 떡을 떼려고 모였더니…" (사도행전 20:7)

2. 주일, 하나님의 은혜가 임하는 날

성령 강림: 오순절 성령 강림 사건도 주일이었습니다. (행 2:1)

요한계시록의 시작: 사도 요한이 하나님의 계시를 받은 날도 주일이었습니다.

"주의 날에 내가 성령에 감동되어…" (계 1:10)

주일은 단순한 휴일이 아닙니다.

하나님의 백성이 함께 모이는 은혜의 날입니다.

주님이 부활하신 날, 성령이 임하신 날,

사도 요한이 계시를 받은 날이 모두 주일이라면—

주님이 다시 오시는 날도 주일이 되지 않을까요?

비록 그것은 우리의 추측일지라도,

그날이 가까워올수록 우리는 더욱 열심히 모여야 할 이유가 충분
합니다.

3. "그날이 가까울수록 더욱 모이라"

우리는 내일을 알 수 없습니다.

내일은 내 날이 아닙니다.

오직 지금 이 시간만 우리에게 주어진 시간입니다.

그러므로 지금 주일을 소중히 여기며,

믿음의 공동체 안에서 예배하고, 격려하며, 기도하며 모이십시오.

모임 속에서 하나님은 은혜를 주시고,

함께하는 믿음의 지체들을 통해 우리를 세우십니다.

그날이 가까이 올수록,

우리는 더욱 간절히, 더욱 자주, 더욱 기쁘게 모여야 합니다.

주님,
당신의 날이 점점 가까이 다가오고 있습니다.
그날이 오기 전,
저희가 더욱 열심히 모이게 하시고,
함께 기도하며, 예배하며,
당신의 임재를 경험하게 하소서.

주일의 의미를 바로 알고,
믿음의 공동체 안에서
날마다 주님을 기다리게 하소서.

예수 그리스도의 이름으로 기도드립니다. 아멘.

41
교회 성장과 전도 (막1:38)

예수님께서는 이 땅에 왜 오셨을까요?

오늘 본문은 그 이유를 아주 분명하게 말씀하십니다.
"전도하러 오셨다."
예수님은 복음을 전하러 오셨고,
더 나아가 예수님 자신이 복음 그 자체이셨습니다.

하늘 천사들이 목자들에게 전한 말처럼,
"온 백성에게 미칠 큰 기쁨의 좋은 소식"이 곧 예수님이십니다. (누가복음 2:10)

1. 교회의 성장은 전도를 통해 이루어집니다

2천 년 기독교 역사를 돌아보면,
교회의 본질은 전도에 있었고,

교회의 성장은 늘 복음 전파를 통해 이루어졌습니다.

초대 교회는 박해 속에서도 복음을 전했습니다.

베드로와 요한은 복음을 전하지 말라는 권력자들의 위협 앞에서도 담대히 말합니다.

"우리는 보고 들은 것을 말하지 않을 수 없다." (행 4:20)

이것이 초대 교회를 움직인 불붙는 믿음이었고,

오늘날 우리가 본받아야 할 영적 열정입니다.

2. 복음 전도는 그리스도인의 사명입니다

사도 바울은 이렇게 고백했습니다.

"내가 복음을 전한다 할지라도 그것이 내게 자랑이 될 수 없습니다. 복음을 전하지 않으면 내게 화가 미칠 것입니다." (고전 9:16)

복음은 단지 듣고 감동하는 메시지가 아닙니다.

삶으로 전하고 행동으로 드러내야 할 부르심입니다.

오늘도 우리의 주변에는 영적으로 메말라 있는 영혼들이 많습니다.

그들에게 전해야 할 메시지는 분명합니다.

예수님이 그들의 죄를 대신하여 죽으셨고,

부활하셨으며,

다시 오실 것이다.

그 기쁜 소식을 전하는 자의 발이

아름답다고 성경은 말합니다. (이사야 52:7)

3. 옮겨 심는 자가 됩시다

복음을 전하는 일은 씨앗을 옮겨 심는 일입니다.

아무리 좋은 씨앗도 옮겨 심지 않으면

성장도 없고 열매도 없습니다.

때론 아주 작은 전도의 말 한마디가

한 사람의 영혼을 살리고,

한 시대를 흔드는 믿음의 시작이 됩니다.

오늘 우리도 예수님을 전합시다.

기쁜 소식을 전합시다.

성령께서 역사하시고,

주님의 나라가 우리의 삶 가운데 세워질 것입니다.

주님,
전도하러 오신 예수님처럼
우리도 복음 전하는 자로 살게 하소서.
이식(移植)의 계절,
우리도 믿음의 씨앗을 옮겨 심는 자가 되게 하소서.

게으르지 않게 하시고,
사랑으로 심으며,
기쁨으로 거두게 하소서.

기쁜 소식을 전하는 우리의 발이
주께 아름답게 보이게 하소서.

예수 그리스도의 이름으로 기도드립니다. 아멘.

42
섬기는 자가 평화를 만든다 (엡2:14-16)

우리는 세상 속에서 다양한 공동체를 이루며 살아갑니다.
가정, 교회, 사회, 국가—이 모든 곳에서
두 종류의 사람을 만나게 됩니다.

하나는 분열과 갈등을 만들어내는 사람,
또 하나는 화해와 평화를 이끌어내는 사람입니다.

예수님은 말씀하십니다.
"화평하게 하는 자는 복이 있나니
저희가 하나님의 아들이라 일컬음을 받을 것이요." (마태 5:9)

하나님은 평화의 하나님,
예수님은 평화의 왕이십니다.
그분을 따르는 우리는 마땅히 평화를 이루는 삶을 살아야 합니다.

1. 사랑이 평화를 만듭니다

평화는 사랑에서 나옵니다.

사랑 없는 평화는 존재하지 않습니다.

하나님은 사랑의 하나님이시며,

그 사랑으로 세상을 품으셨고,

그 사랑으로 우리를 화해시키셨습니다.

기독교가 사랑의 종교라 불리는 이유가 여기에 있습니다.

사랑이 없는 곳에는 미움이 자라고,

미움이 자란 곳에서는 결코 진정한 평화를 얻을 수 없습니다.

내촌감삼이라는 일본의 성서학자는 이렇게 말했습니다.

"평화는 군인의 무용에서 오지 않고,

외교관의 수환에서 오지도 않는다.

하늘의 하나님이 사랑을 인간의 심령에 부어주심으로 오는 것이다."

우리가 평화를 원한다면,

먼저 내 마음에 사랑의 불꽃을 지펴야 합니다.

예수님의 십자가는 희생의 절정입니다.

그 희생이 하나님과 인간 사이의 화해,

사람과 사람 사이의 평화를 이루셨습니다.

"그리스도께서는 자신을 희생하여 유대인과 이방인을 하나의 새 민족으로 만들어 평화를 이룩하시고..." (엡 2:15)

그 어떤 공동체든, 가정이든, 교회이든, 사회든

희생이 없이는 진정한 평화가 있을 수 없습니다.

사람들은 종종 높아지려 하고, 우위를 차지하려고 하지만

겸손히 섬기고 희생하는 자에게 평화가 임합니다.

성경은 분명하게 말합니다.

"모든 사람과 평화롭게 지내라" (로마서 12:18)

"모든 사람과 더불어 화평함과 거룩함을 따르라. 이것이 없이는 아무도 주를 보지 못하리라." (히브리서 12:14)

예수님은 섬김을 받으려 오신 것이 아니라 섬기러 오셨습니다.

섬기는 자에게는 다툼이 아니라 화목이 따릅니다.
자기 유익보다 다른 사람을 위한 희생과 배려는
참 평화를 꽃피우는 뿌리가 됩니다.

우리도 그리스도의 마음을 품고
섬기며, 사랑하며, 희생하며
이 땅에 하나님의 평화를 이루는 자가 되길 바랍니다.

기도

주님,
사랑으로 섬기게 하소서.
희생으로 평화를 이루게 하소서.
분열이 아닌 화해를,
다툼이 아닌 용서를,
교만이 아닌 겸손을 택하게 하소서.

저희도 주님의 평화의 도구가 되기를 원합니다.
하나님께 기쁨이 되는 자녀,
세상에 빛이 되는 섬김의 사람이 되게 하소서.

예수 그리스도의 이름으로 기도드립니다. 아멘.

43
그리스도가 오시면 참 평화가 있다(사11:6-9)

이사야 선지자는 장차 오실 메시아의 나라,

곧 하나님의 통치가 이루어지는 그날을 환상처럼 보여줍니다.

그 날에는 더 이상 짐승이 짐승을 해치지 않고,

사람과 자연, 사람과 사람 사이에 온전한 화해와 평화가 있습니다.

"바다에 물이 넘치듯, 땅에는 여호와를 아는 지식이 가득하리라."
(이사야 11:9)

이 평화는 단지 전쟁이 없는 상태가 아니라,

모든 피조물의 질서가 회복되고,

서로를 해치지 않으며,

사랑과 조화가 넘치는 하나님의 나라입니다.

예수님, 평화의 왕

예수님의 오심은 진정한 평화의 시작입니다.

그분은 단지 평화를 주시는 분이 아니라,
자신이 평화가 되신 분입니다.

탄생하실 때 천사들은 "지극히 높은 곳에서는 하나님께 영광이요,
땅에서는 평화"라 노래했고,
십자가 위에서 원수 된 우리를 하나님과 화목하게 하셨으며,
부활 후에는 두려움 속에 있는 제자들에게 다가와
"샬롬"이라 말씀하셨습니다.

그리스도 안에 있는 평화는
환경이나 상황이 아닌,
하나님과의 관계 회복에서 오는 참된 평화입니다.

평화는 샬롬이다
'샬롬'은 단지 다툼이 없다는 뜻이 아닙니다.
그 말 안에는 온전함, 안전함, 조화, 만족, 번영, 축복이라는 풍성
한 의미가 담겨 있습니다.

예수님은 이 샬롬을 우리에게 주시기 위해 오셨고,
지금도 우리 마음에 임하시기를 원하십니다.

이민자의 삶에 찾아오시는 평화

이민자의 삶은 때때로 외롭고, 불안하고, 예기치 못한 일로 피곤
할 수 있습니다.
그러나 예수님 안에 거하는 자는
마음 깊은 곳에서 평화를 누릴 수 있습니다.

"너희 마음에 근심하지 말라, 두려워하지도 말라." (요한복음 14:27)

예수님은 오늘도 우리에게 말씀하십니다.
"내가 너희에게 평안을 끼치노니 나의 평안을 너희에게 주노라."

이사야처럼, 부르심에 응답하라
말씀 끝에 연결된 이사야 6장의 고백은
우리 모두에게 던지는 부르심입니다.

이사야는 하나님의 영광을 보고 자신의 죄됨을 고백하며
"내가 여기 있나이다, 나를 보내소서"라고 응답했습니다.

이사야는 자신이 본 것, 들은 것, 받은 은혜를
백성들에게 가르치고 책망하며 전하는 데 온 힘을 다했습니다.
오늘도 주님은 우리에게 물으십니다.
"누가 우리를 위하여 갈꼬?"
당신의 대답은 무엇입니까?

묵상과 기도

"밥을 먹을 때는 기쁨으로 먹고,

물을 마실 때는 즐거이 마시라.

옷을 입을 때는 깨끗하게 입고

머리에는 항상 기름을 발라라." (전도서 9:7-8)

하나님께서 주신 하루하루를 기쁨과 감사로 살아가며,

샬롬의 통로가 되게 하소서.

아버지 하나님,
그리스도를 통해 주신 평화가
오늘도 우리 마음에 임하게 하소서.

이사야처럼 주님의 영광을 보고,
주의 음성을 듣고,
담대히 외치며 전하는
사명자로 살게 하소서.

우리 삶이 평화를 전하는
샬롬의 도구가 되게 하시고,
오늘 만나는 사람마다
하늘 평화를 나누게 하소서.

예수 그리스도의 이름으로 기도드립니다. 아멘.

44
평화를 만들어 살자 (마5:9)

6월이 되면, 누구나 잊지 못하는 6·25 전쟁의 악몽이 떠오릅니다.
1950년 6월 25일 새벽 5시,
북한 공산정권은 스탈린의 지원 아래 남침을 감행하였습니다.

보병 8개 사단, 전차 242대, 전투기 211대가 남하했고,
당시 남한은 정찰기 20대, 병력 10만에 구식 무기로 버텨야 했습니다.
결국 한 달 만에 대구까지 밀려나고,
왜관에서 미군과 함께 격전을 치르며 겨우 전선을 지켜냈습니다.

9월 15일, 유엔군의 인천상륙작전으로 서울을 수복하고 압록강까지 진격했지만, 중공군의 인해전술로 다시 후퇴해 3년 가까운 전쟁 끝에 1953년 7월 27일 휴전에 이르게 되었습니다.
그 결과는 참혹했습니다.

이산가족 1천만 명, 전사자 300만 명, 전쟁고아 수천 명, 국토는 폐허가 되었고, 민족의 아픔은 지금도 가시지 않고 있습니다.

46년이 지난 오늘(작성 당시 기준)에도
그 날을 생각하면 가슴이 저리고 눈물이 흐릅니다.

이제는 '통일의 방식'이 아니라, '평화의 길'을 택할 때입니다.
무력 통일은 결코 해답이 아닙니다.
승공(勝共)이니 적화니 하는 말도 내려놓고 무기 경쟁이 아닌 균형과 신뢰, 용서와 대화의 길로 나아가야 합니다.

이사야 선지자는 이렇게 예언했습니다.
"그 때 많은 민족들이 이르기를
'오라, 우리가 여호와의 산에 올라가자.
야곱의 하나님의 전에 이르자.
그가 그의 길을 우리에게 가르치실 것이다.' 하리니…
그는 열방 사이의 시비를 판결하시며
많은 백성을 판단하시리니
그들이 그들의 칼을 쳐서 보습을 만들고
창을 쳐서 낫을 만들 것이며
나라가 나라를 대적하여 칼을 들지 아니하며
다시는 전쟁을 연습하지 아니하리라."(이사야 2:3-4)

이 말씀이 우리 조국 삼천리 강산 위에도 한 자도 틀림없이 이루어지기를 간절히 기도합니다.

평화를 이루는 삶
평화는 먼 곳에 있는 이상이 아닙니다.
평화는 내가 만드는 것입니다.

마음의 평화,
가정의 평화,
교회의 평화,
국가와 세계의 평화가
우리 안에서부터 시작되기를 소망합니다.

기도

주님,
우리에게 평화를 만드는 사람이 되게 하소서.
평화를 외치기 전에 평화를 살게 하소서.
그날을 손꼽아 기다리다,
또 한 방울 눈물이 떨어집니다.

주여, 어서 오시옵소서.
이 땅에 평화를 주옵소서.

예수 그리스도의 이름으로 기도드립니다. 아멘.

45
이웃과 더불어 (마25:40)

진정한 만남은 어디에 있을까?

하늘 보좌에 앉은 인자이신 주님은 마지막 날에 이렇게 말씀하십니다.

"너희는 내가 줄일 때에 먹을 것을 주었고, 목마를 때에 마시게 하였고, 나그네 되었을 때 영접하였고, 헐벗었을 때 입혀 주었고, 병들었을 때 돌보았고, 옥에 갇혔을 때 찾아주었다."

의인들은 말합니다.

“주여, 우리가 언제 그렇게 했습니까?”

주님은 대답하십니다.

“너희가 내 형제 중 지극히 작은 자 하나에게 한 것이 곧 내게 한 것이니라.” (마 25:40)

예수님은 어디에 계셨는가?

톨스토이의 이야기에서 나오는 구두 수선공 늙은 마틴은
예수님을 간절히 기다렸고, 하루 종일 가게 문을 열어두었습니다.
하지만 그를 찾아온 이는 예수님이 아닌 것처럼 보였습니다.

발 시린 군인, 굶주린 엄마와 아기, 매를 맞던 소년
그러나 주님은 바로 그들 속에 오셨던 것입니다.
"오늘 내가 너를 찾아갔다." 이 말은 마틴에게, 또 오늘 우리 모두
에게 주시는 성탄의 메시지입니다.
주님은 우리가 예상하는 방식으로, 화려한 옷을 입고 오시지 않습
니다. 지극히 작고 연약한 자의 모습으로 우리 곁에 계십니다.

성탄절은 예수님을 다시 만나는 시간입니다.
예수님은 마구간에서 태어나셨고,
지금도 가난한 이웃의 마음 속에,
홀로 외로이 눈물짓는 자의 방 안에,
도움이 필요한 사람들의 음성 속에 계십니다.

우리가 누군가를 돕고, 섬기고, 이해하며 다가갈 때
그 안에서 주님을 다시 만나게 되는 것입니다.
작은 섬김도 주님께 드리는 것임을 기억합시다
단 한 마디 친절한 말, 따뜻한 눈빛, 작은 선행이
곧 주님께 드리는 향기로운 제사입니다.

나의 이웃을 돌아봅시다

지금 이 순간에도 우리 주변에는

마음이 상한 이들, 도움이 필요한 이들이 있습니다.

그들은 주님이 오신 모습일지 모릅니다.

성탄절을 기념하는 가장 거룩한 방법은 이웃 사랑입니다.

빛과 장식보다 더 아름다운 것은

나눔과 섬김의 실천입니다.

● 오늘, 예수님은 우리 이웃의 얼굴로 찾아오십니다.
  그분을 맞이할 준비가 되어 있습니까?

기도

아버지 하나님,
나의 삶 속에 찾아오시는 주님을
이웃 가운데 알아보게 하시고,
주님의 마음으로 작은 자를 섬기며 살게 하소서.

이 성탄절에
내가 가진 것의 풍성함으로,
누군가의 마음을 따뜻하게 할 수 있는
사랑의 도구가 되게 하소서.

예수 그리스도의 이름으로 기도드립니다. 아멘.

46
주고, 받으라 (요13:34)

먼지 쌓인 인형을 품에 안은 아이.

어느 날, 토마스 힐튼 목사님은 어린 딸과 함께 장난감 가게를 찾았습니다.

선반마다 반짝이고 예쁜 인형들로 가득했지만, 딸은 높은 구석 먼지 쌓인 흰곰 인형을 고집했습니다.

점원이 반값이라며 조심스레 인형을 꺼내자, 그 아이는 곰 인형을 꼭 껴안고 말했습니다.

“얼마나 외로웠니? 이제 너는 내 친구야. 단추도 달아줄게. 내 침대에서 같이 자자.”

힐튼 목사님은 그 순간, 깊은 충격을 받았습니다.

사람들은 잘난 것, 멀쩡한 것, 예쁜 것만 고르려 하지만 사랑은 그런 것이 아니라 외면당한 존재를 품는 것임을 어린아이를 통해 배운 것입니다.

우리는 자주 묻습니다.

"하나님이 왜 예수님을 이 땅에 보내셨을까?"

그 대답은 분명합니다.

"하나님이 세상을 이처럼 사랑하사 독생자를 주셨으니." (요 3:16)

그리고 예수님은 우리에게 새 계명을 주셨습니다.

"내가 너희를 사랑한 것 같이 너희도 서로 사랑하라." (요 13:34)

성녀 테레사 수녀가 어느 날 거리에서 구걸하는 거지에게 다가가 그의 손을 잡으며 말했습니다.

"내 손은 언제나 따뜻합니다."

그 거지는 눈물을 흘리며 이렇게 말했습니다.

"나는 수년 동안 따뜻한 손을 느껴본 적이 없습니다. 당신은 제게 큰 기쁨을 주었고, 이 따뜻함을 평생 간직하겠습니다."

사랑은 거창한 일이 아닙니다.

외면당한 손을 잡아주는 것,

잊혀진 존재를 바라보는 것,

그 시작이 바로 예수님의 사랑입니다.

사랑의 실천은 빛입니다

"낙심한 자에겐 희망을, 쓸쓸한 자에겐 위로를, 어두운 세상엔 빛을" 주는 것. 그것이 바로 사랑의 실천입니다.

최효섭 목사는 이렇게 노래합니다.

사랑은 줌으로써 시작된다.

거부는 최악의 형벌이다.

사랑은 상처를 아물게 하지만, 거부는 상처를 더 크게 한다.

가족끼리도, 이웃끼리도 받아주고 용서하는 사랑만이 서로를 치료한다.

하나님은 먼저 사랑을 주셨습니다.

우리도 이제 받기만 하지 말고, 먼저 주는 사람이 되기를 원하십니다.

작은 손길 하나, 따뜻한 말 한 마디로 누군가의 어두운 하루를 밝힐 수 있습니다.

기도

하나님 아버지,
늘 받으려고만 했던 저의 마음을 회개합니다.
먼저 손을 내미는 사랑,
먼저 품어주는 사랑,
먼저 베푸는 성탄이 되게 하소서.
올해는 주님의 사랑을 닮은 '주는 삶'을 살아가게 하소서.

예수 그리스도의 이름으로 기도드립니다. 아멘.

5부

죽음을 넘어서는 소망

죽음은 끝이 아니라 영원으로 들어가는 문입니다. 정 목사님은 말씀을 통해 죽음을 준비했고, 죽음을 넘어서는 부활의 소망을 붙들었습니다.

이 장은 장례와 이별, 인생의 끝자락에서 피어난 믿음의 고백들로 구성되어 있습니다. 우리 모두가 언젠가 맞이할 그 시간을, 두려움이 아닌 소망으로 준비하도록 도와주는 글들입니다.

47
예수께서 왜 승천하셔야 했나? (요16:7)

예수 그리스도의 생애에는 기독교 신앙의 5대 핵심 사건이 있습니다.

탄생, 죽음, 부활, 승천, 그리고 재림.

오늘은 이 중에서 종종 간과되기 쉬운 『승천(Ascension)』의 의미를 묵상해 봅니다.

왜 예수님은 승천하셔야만 했을까요?

1. 성령이 오시기 위해서

예수님은 말씀하셨습니다.

"내가 떠나는 것이 너희에게 유익이라.

내가 떠나지 아니하면 보혜사(성령)가 너희에게로 오시지 아니할 것이요, 가면 내가 그를 너희에게로 보내리라." (요 16:7)

예수님의 승천은 곧

성령 강림의 전제 조건이었습니다.

예수님은 몸을 입고 계시는 동안에는 한 곳, 한 사람 곁에만 계실 수 있었습니다.
하지만 승천 후 성령께서 오심으로, 예수님의 사역은 시간과 공간을 초월한 영적, 우주적 사역으로 확장되었습니다.

성령은 우리 안에 계시며,
우리를 가르치고, 깨닫게 하시고,
예수님을 대신하여 진리로 인도하십니다.

2. 제자들을 보존하고 하나 되게 하시기 위해

예수님은 십자가를 지시기 전날 밤,
제자들을 위해 이렇게 기도하셨습니다.
"나는 세상에 더 있지 아니하오나… 거룩하신 아버지여, 아버지의 이름으로 그들을 보전하사 우리가 하나인 것 같이 그들도 하나가 되게 하옵소서." (요 17:11)

예수님의 승천은 제자들을 혼자 두는 이별이 아니었습니다.
오히려 성령을 통해
보존과 연합을 위한 새 시대의 시작이었습니다.
성령께서 오심으로 제자들은

흩어지지 않고, 무너지지 않고,

한 몸을 이룬 공동체로 성장하게 되었습니다.

우리도 이 성령 안에서 하나가 됩니다. (에베소서 4:3-6 참조)

3. 우리에게 참된 생명을 주시기 위해

예수님은 말씀하셨습니다.

"살리는 것은 영이니 육은 무익하니라. 내가 너희에게 이른 말은 영이요 생명이라." (요한복음 6:63)

부활하신 예수님을 붙잡았던 막달라 마리아에게 예수님은 말씀하셨습니다.

"나를 붙들지 말라. 내가 아직 아버지께로 올라가지 아니하였노라." (요 20:17)

예수님은 영으로 우리 가운데 계셔야 했습니다.

육신을 지닌 채로는 우리가 그분과 참된 연합을 이룰 수 없었습니다.

그분의 승천은 곧

우리를 위한 참된 생명의 길을 여신 사건이었습니다.

이제 우리는 예수님을 영으로 만나고,

그 안에서 참된 생명을 누릴 수 있게 되었습니다.

묵상의 결론

예수님의 승천은
그분이 우리를 떠나신 것이 아니라,
더 가까이 임하시기 위한 방법이었습니다.

그분은 성령으로 오시기 위해 승천하셨고,
우리를 하나 되게 하기 위해 떠나셨으며,
우리에게 참 생명을 주기 위해 하늘로 올라가셨습니다.

이제 우리는
하늘 보좌 우편에서 여전히 우리를 위해 중보하시는
영광의 주님을 바라보며 살아갑니다.

기도

하늘에 오르신 주님,
우리 곁을 떠나신 것이 아니라
더 깊은 임재로 우리와 함께하심을 믿습니다.

성령으로 우리를 다스리시고,
우리를 하나 되게 하시며,
참된 생명으로 이끄소서.

예수 그리스도의 이름으로 기도드립니다. 아멘.

48
잃으면 찾으라 (마16:21-27)

예수님께서는 "자기를 부인하고 자기 십자가를 지라"고 말씀하셨습니다.

이 말씀은 단순한 충고가 아닙니다. 생명의 원칙이며 우주적인 진리입니다.

바꾸어 말하면, "얻기 위해 잃어야 한다"는 진리입니다.

우리는 이것을 삶의 여러 장면 속에서 경험합니다.

건강도 그렇습니다.

지나치게 건강에 집착하면 오히려 병에 걸리기 쉽습니다.

반면에 자신을 희생하며 움직이고 땀 흘릴 때 건강은 따라옵니다.

농사도 그렇습니다.

씨를 뿌리지 않으면 결코 거둘 수 없습니다.

씨앗은 땅속에서 썩어야 열매를 맺습니다.

인간관계도 그렇습니다.
친구를 얻으려면 내가 먼저 친구가 되어야 합니다.
내가 먼저 다가가고 섬겨야 진정한 관계가 열립니다.

교회도 마찬가지입니다.
교회가 세력과 권세를 탐하면 쇠퇴하지만,
복음을 나누고 섬김에 힘쓸 때 교회는 살아납니다.

이 진리는 단지 교훈이 아니라 창세 전부터 하나님께서 정하신 원리입니다.
마태복음 25장에서 예수님은 이렇게 말씀하셨습니다.
"내가 주릴 때에 너희가 먹을 것을 주었고,
목마를 때 마시게 하였고,
나그네 되었을 때 영접하였고,
벗었을 때 입혔고,
병들었을 때 돌보았고,
옥에 갇혔을 때 찾아와 주었다." (마 25:35-36)

이 모든 것은 준 것, 즉 잃은 것입니다.
그러나 그것을 통해 천국을 상속받는 영광을 누리게 된다는 말씀입니다.

하찮은 것과 바꿔서는 안 됩니다

우리는 종종 큰 것을 얻기 위해 작은 것을 희생해야 합니다.

그런데 반대로 가치 없는 것과 영원한 생명을 바꾸는 어리석은 교환을 하기도 합니다.

“사람이 온 세상을 얻고도 자기 목숨을 잃으면 무슨 유익이 있겠느냐?” (마 16:26)

은행에 백만 불이 있더라도 건강을 잃으면 무슨 소용이 있겠습니까? 영혼을 잃고 세상에서 성공해도, 그것은 하찮은 교환일 뿐입니다.

믿음의 본보기: 마리아

마리아는 하나님의 뜻 앞에 이렇게 고백합니다.

“주의 여종이오니 말씀대로 내게 이루어지이다.” (눅 1:38)

그 순간, 마리아는 하나님의 아들을 품는 성모의 영광을 얻게 됩니다.

자신을 버렸기 때문에 새로운 생명을 품게 된 것입니다.

우리도 자신을 주님께 드립시다

사도 바울은 말했습니다.

"너희는 값으로 산 것이 되었으니 너희 몸으로 하나님께 영광을 돌리라." (고전 6:20)

우리의 몸은 주님의 것입니다.

예수님께서 당신의 생명을 주심으로 우리를 '값 주고 사셨기' 때문입니다.

그렇다면 우리가 주님께 드릴 것은 우리 자신입니다.

더 귀한 교환, 더 영원한 가치와 바꾸십시오.

기도

주여, 이 몸을 드리오니 받아주시옵소서.
세상의 헛된 것과 바꾸지 않게 하시고,
주님의 영광을 위해 쓰임 받는 도구 되게 하소서.
십자가를 지고, 자기를 부인하며,
주님을 끝까지 따르게 하소서.

예수 그리스도의 이름으로 기도드립니다. 아멘.

49
내 간구를 들어주셨다 (눅1:13)

“천사가 그에게 이르되 사가랴여 무서워하지 말라
너의 간구함이 들린지라 네 아내 엘리사벳이 네게 아들을 낳아 주리니
그 이름을 요한이라 하라” (눅1:13)

기도하고 응답이 온다면 얼마나 좋을까?

그런데 사가랴는 기도하고 응답이 왔는데 “내가 이것을 어떻게 알리요? 내가 늙고 내 아내도 나이 많으니이다” 하고 신앙 없는 대답을 했습니다(18절).

하나님의 역사는 초자연적인 것임에도 사가랴는 소망의 기도가 응답되었을 때 인간의 사정에서 이것을 의심했습니다.

확신을 얻는 데는 하나님의 말씀으로 충분한데 “어떻게 그것을 알리이까?” 하고 또 다른 표적을 구하고 있습니다.

이 불신앙은 그를 벙어리 되게 했습니다. 옛날뿐 아니라 지금도 이 불신앙의 벙어리는 어디를 가나 있습니다.

찬송도 할 수 없고, 기도도 못 하고, 성경도 못 읽고, 전도도 못 하는 영적 벙어리가 있는데 이는 불신앙 때문입니다.

세상에는 기도하고서,

때가 되어 기도가 응답되면 놀라 이상하게 생각하는 사람들이 있습니다. 그것은 사가랴와 같은 사람입니다.

그는 "때가 되면 내 말이 이루리라"는 약속을 믿지 않았던 것입니다.

더 젊었을 때였더라면 기도가 응답되었다고 크게 기뻐하였을 것입니다.

그러나 이제 모처럼 하나님의 때가 와서 오랫동안 구하던 기도가 응답되자 믿지를 못했습니다.

하나님의 생각은 사람의 생각과 다릅니다.

사람은 생각도 못 하고 뜻하지도 않은 때, 의외의 방법으로 기도의 응답이 올 때가 있습니다.

사람이 절망하는 때가 도리어 하나님의 때일 수도 있습니다.

하나님이 일하실 때,

자기 처지나 환경을 보지 말고 오직 하나님 말씀만을 믿어야 합니다.

요컨대 신앙이란 자기의 능력, 사정, 경우 여하를 보지 않고 다만 하나님의 말씀에 입각하여 소망하고 의심하지 않는 일입니다 (롬 4:18-21).

이 신앙만 있으면 하나님은 언제라도 응답해 주실 수 있습니다.

기도는 신앙의 생명이요, 축복의 길입니다.
영혼의 양식이며 생활의 힘입니다.
8월은 기도하는 달이며 수양의 달입니다.
기도하다 이 은총이 차고 넘치시기를 축원합니다.

하나님 아버지,
불신앙으로 벙어리 되지 않게 하여 주옵소서.
기도의 입이 넓게 열려 주의 은혜를 충만히 받게 하옵소서.

예수 그리스도의 이름으로 기도드립니다. 아멘.

50
구원받은 한 사람 (눅17:17)

(누가복음 17:17)

예수님께서 예루살렘으로 가실 때,

사마리아와 갈릴리 사이의 한 마을에 들어가셨습니다.

그곳에서 열 명의 나병환자가 예수님을 만나

멀리서 소리를 높여 "예수 선생님, 우리를 불쌍히 여기소서!" 하고
간청했습니다.

주님의 말씀대로 제사장에게 가는 길에

그들은 모두 병이 깨끗하게 되는 은혜를 입었습니다.

그런데… 돌아온 자는 단 한 사람.

감사하기 위해 주님께 돌아온 자는 사마리아 사람 한 명뿐이었습
니다.

1. 감사는 구원의 통로입니다

육체의 질병에서 나음을 입은 열 사람 중,

주께 돌아와 감사한 사람은 오직 한 사람이었습니다.

그리고 예수님은 그 사람에게 말씀하셨습니다:

"일어나 가라. 네 믿음이 너를 구원하였느니라." (19절)

그는 병의 치유뿐 아니라, 영혼의 구원까지 얻은 사람입니다.

믿음은 단지 구하기만 하는 것이 아니라,

감사함으로 반응할 때 온전한 구원의 자리로 나아가게 됩니다.

2. 믿음의 열매는 감사입니다

감사는 단순한 예의가 아닙니다.

그리스도인의 삶에 있어서 감사는 믿음의 표현이며, 믿음의 척도입니다.

믿음이 깊은 사람일수록 감사가 많습니다.

감사가 풍성한 사람은 은혜를 잊지 않는 사람입니다.

우리는 은혜를 구할 땐 간절했지만,

그 은혜를 받은 뒤엔 얼마나 자주 감사하기를 잊곤 했습니까?

믿음의 깊이는 감사하는 생활로 드러납니다.

3. 감사는 삶을 변화시킵니다

감사의 삶은 구원받은 자의 삶을 어떻게 바꾸어 놓을까요?

① 감사는 불행을 이깁니다

감사는 고통과 절망을 새롭게 해석하게 합니다.

감사의 눈으로 보면, 과거의 불행조차 하나님의 은혜의 과정으로 여겨집니다.

② 감사는 화평을 만듭니다

감사는 사람 사이에 사랑과 이해를 심습니다.

서로를 향해 감사할 때, 가정과 공동체에 화평이 넘칩니다.

③ 감사는 긍정의 삶을 창조합니다

환경이 아무리 어려워도,

감사는 불평 대신 하나님의 손길을 바라보게 하며

더 나은 미래를 향해 나아가게 합니다.

나는 은혜를 받은 후, 하나님께 돌아와 감사하고 있는가?

내 삶의 열매는 불평인가, 감사인가?

감사하는 믿음을 통하여 다른 사람들에게 하나님의 은혜를 증거하고 있는가?

● 믿음은 구하고, 감사는 믿음을 완성시킵니다.
  오늘도 구원받은 자로서 감사의 길을 걸어갑시다.

아버지 하나님,
열 사람 중 하나처럼
감사를 잊는 자가 아니라
구원받은 믿음으로 감사하는 자가 되게 하소서.

내 입술에서 감사와 찬양이 끊이지 않게 하시고,
나의 삶을 통해 하나님의 은총을 드러내게 하소서.

예수 그리스도의 이름으로 기도드립니다. 아멘.

51
예수님이 왜 세상에 오셨나 (눅19:10)

성탄, 다시 묻습니다: 예수님은 왜 오셨을까?

성탄절이 다가오면 거리마다 캐럴이 울려 퍼지고,

상점에는 화려한 장식과 카드가 넘쳐납니다.

하지만 우리는 이 분주함 속에서 한 가지 본질적인 질문을 잊지 말아야 합니다.

"예수님은 왜 이 땅에 오셨는가?"

예수님은 친히 이렇게 말씀하셨습니다.

"잃어버린 자를 찾아 구원하려 오셨다." (눅 19:10)

우리는 살아가면서 많은 것을 잃습니다.

신문과 뉴스는 늘 "잃어버린 것들"로 가득합니다.

돈을 잃고

사람을 잃고

명예와 기회를 잃고…

하지만 이보다 더 본질적이고 무서운 상실이 있습니다.

바로 양심, 도덕, 자아, 그리고 하나님 자신을 잃어버린 것입니다.

더욱 안타까운 것은,

그 사실조차 모른 채 태연히 살아가는 우리의 모습입니다.

주님은 '잃은 자'를 찾아오셨습니다

하나님은 길 잃은 인간을 그냥 두지 않으셨습니다.

스스로 찾아오셨고, 몸소 사람이 되어 이 땅에 내려오셨습니다.

이것이 바로 성육신(成肉身),

곧 "말씀이 육신이 되어 우리 가운데 거하신 사건"입니다. (요 1:14)

그분은 찾으십니다.

자유를 잃은 자에게는 참된 자유를

양심을 잃은 자에게는 거룩한 각성을

사랑을 잃은 자에게는 영원한 사랑을

순결을 잃은 자에게는 새로운 시작을

믿음을 잃은 자에게는 불굴의 소망을

그리고 절망 속에 있는 자에게는 구원의 빛을 주십니다.

이 성탄의 계절에 우리는 스스로에게 물어야 합니다.

"나는 무엇을 잃어버리고 살고 있는가?"

그리고 또 물어야 합니다.

"그 잃어버린 것을 나는 스스로 찾을 수 있는가?"

아니요. 우리가 찾는 것이 아닙니다.

주님이 우리를 찾아오십니다.

그래서 오셨습니다.

이것이 성탄절의 깊은 은혜입니다.

하나님 아버지,
잃어버린 것이 너무 많습니다.
기쁨도, 믿음도, 사랑도, 용기도
어느새 제 삶에서 사라져 버렸습니다.

하지만 주님이 찾아오신다 하셨으니,
이제는 제가 찾는 것이 아니라
주님이 저를 찾아주시옵소서.
어둠 속에 있던 제 마음에
다시금 성탄의 빛을 비춰주소서.

예수 그리스도의 이름으로 기도드립니다. 아멘.

52
죽음은 나와 함께 살고 있다 (눅12:16-21)

누가복음 12:16-21

또 비유로 그들에게 말하여 이르시되 한 부자가 그 밭에 소출이 풍성하매

심중에 생각하여 이르되 내가 곡식 쌓아 둘 곳이 없으니 어찌할까 하고

또 이르되 내가 이렇게 하리라 내 곳간을 헐고 더 크게 짓고 내 모든 곡식과 물건을 거기 쌓아 두리라

또 내가 내 영혼에게 이르되 영혼아 여러 해 쓸 물건을 많이 쌓아 두었으니 평안히 쉬고 먹고 마시고 즐거워하자 하리라 하되

하나님은 이르시되 어리석은 자여 오늘 밤에 네 영혼을 도로 찾으리니 그러면 네 준비한 것이 누구의 것이 되겠느냐 하셨으니

자기를 위하여 재물을 쌓아 두고 하나님께 대하여 부요하지 못한 자가 이와 같으니라

죽음은 우리 삶의 어느 한 순간에 불쑥 찾아오는 손님이 아닙니다.

죽음은 이미 우리 삶 속에, 우리 곁에, 늘 함께 살고 있습니다.

중국 송나라 시대, 춘추전국시대의 사상가이자 도학자였던 장자(莊子)에 관한 이야기가 있습니다.

어느 날 장자는 활을 들고 '조롱'이라는 숲으로 사냥을 나갔습니다. 하루 종일 사냥을 했지만 아무것도 얻지 못한 채 지친 몸으로 돌아오던 길, 나무 끝에 앉아 있는 까치 한 마리를 발견하고 활을 겨누었습니다.

그런데 까치는 자신을 겨냥한 장자의 존재를 전혀 알지 못한 채 오직 앞만 바라보고 있었습니다.

자세히 보니 그 까치의 시선 끝에는 거미 한 마리가 거미줄 위에 앉아 있었습니다.

까치는 그 거미를 잡아먹으려고 노리고 있었고, 그 거미 또한 자신을 노리는 까치가 있다는 사실은 모른 채 저쪽 나무에서 노래하며 날아오는 매미가 자신의 거미줄에 걸려들기를 기다리고 있었습니다.

장자는 그 광경을 보고 활을 내려놓았습니다.

그리고 무거운 발걸음으로 집에 돌아가 석 달 동안 문을 닫고 나오지 않으며 조롱 숲에서 본 장면을 곱씹었다고 합니다.

까치는 자기 등 뒤에 죽음이 다가와 있는 줄도 모르고
눈앞의 거미만을 바라보고 있었고,

거미 또한 자기 뒤에 죽음이 있는 줄도 모르고 매미만을 노리고 있었습니다.

각자는 모두 죽음의 그림자를 등에 지고 있으면서도 눈앞의 먹이에만 마음을 빼앗기고 있었던 것입니다.

장자는 그 모습이 바로 자신의 모습임을 깨달았습니다.

우리도 이 사실을 깨달아야 합니다.

까치와 거미의 이야기는 남의 이야기가 아닙니다.

죽음은 이미 우리 뒤에 와 있습니다.

아니, 죽음은 지금도 우리와 함께 살고 있습니다.

예수님께서 들려주신 비유 가운데 부자 농부의 이야기가 있습니다.

어느 농부가 그해 큰 풍년을 맞았습니다.

그는 작은 창고를 헐고 더 큰 창고를 지어 곡식과 재물을 가득 쌓아 두었습니다.

그리고 스스로에게 말합니다.

"내 영혼아, 여러 해 쓸 물건을 많이 쌓아 두었으니

평안히 쉬고 먹고 마시고 즐거워하자."

그러나 그날 밤, 하나님께서 말씀하십니다.

"어리석은 자여, 오늘 밤 네 영혼을 도로 찾으리니

그러면 네가 준비한 것이 누구의 것이 되겠느냐."

예수님은 생명과 행복이

물질의 풍요에 달려 있다고 믿었던 그 농부를 '어리석은 사람'이

라 말씀하십니다.

자기를 위하여 재물을 쌓아 두었으나

하나님께 대하여 부요하지 못한 삶이

바로 그러한 삶이라는 것입니다. (눅 12:16-21)

우리는 천 날을 살 준비를 하면서도

동시에 하루 밤을 떠날 준비를 하며 살아야 합니다.

진정으로 행복한 사람은

죽음을 준비해 놓고 사는 사람입니다. (빌립보서 1:22-24)

기도

주여,
내가 죽었다는 소식이 들려오기 전에
오늘을 정직하게 살며
문을 열고 나설 준비를 하게 하옵소서.
주께서 부르실 때
미련 없이, 두려움 없이
기쁨으로 나아가게 하옵소서.

예수님의 이름으로 기도합니다. 아멘.

53
변화를 통한 성장 (막4:28)

하나님의 나라는 저절로 자라고 열매 맺는 생명의 역사입니다.

하나님의 손길 아래에서 모든 성장은 조용히, 그러나 확실하게 이루어집니다.

오늘 본문은 그 아름다운 변화의 과정을 이렇게 보여줍니다.

처음엔 작은 싹이 돋고, 그 다음엔 이삭이 자라며,

마침내 알찬 낟알이 맺히게 됩니다.

이것은 곧 변화를 통한 성장의 모습입니다.

하루아침에 완성되는 것이 아니라,

보이지 않는 시간과 과정을 거쳐

결국에는 열매 맺는 자리까지 이르게 되는 것이죠.

이를 떠올리게 하는 한 예로, '누에'라는 곤충이 있습니다.

작고 검은 애벌레였던 누에는

처음엔 뽕잎을 물처럼 빨아먹으며 살아갑니다.
그러다 조금씩 자라, 나중엔 큰 뽕잎을 갉아먹으며
몸도 허옇게 자라고 크기도 손가락만큼 커지게 됩니다.

약 한 달이 지나면 누에는 '고치'를 짓고 그 안에 들어가 번데기가
됩니다.
그리고는 마침내 나비가 되어 그 고치를 뚫고 나옵니다.
이 나비는 다시 알을 낳고, 그 알에서 또 애벌레가 태어나는
이 놀라운 변화의 순환 속에 생명의 역사가 이어지는 것입니다.

구더기가 파리가 되고,
장구벌레가 모기가 되며,
굼벵이가 매미가 되는 일 또한 마찬가지입니다.
모두 작고 초라한 형태에서 시작해 변화와 성장을 거쳐
새로운 존재로 나아가는 과정을 겪습니다.
하지만 우리는 그런 이야기에는 주목하지 않고
단지 '결과'에만 관심을 두는 경우가 많습니다.

우리 신앙도 이와 같습니다.
겉으로는 잘 드러나지 않지만,
내면 깊은 곳에서는 하나님의 손길 아래 자라나고 있습니다.

콩 하나를 땅에 심어보십시오.

밤낮으로 자고 깨는 동안에

그 씨는 조용히 뿌리를 내리고, 잎이 나며,

어느덧 꽃을 피우고 열매를 맺습니다.

아무도 보지 않는 동안에도 자연의 법칙을 따라 자라납니다.

우리도 그렇게 신비롭게, 조용히, 그러나 확실하게

성령 안에서 성장해 가고 있는 것입니다.

하나님의 사람 엘리야는 깊은 절망 속에서

"하나님, 당신을 위한 선지자는 이제 나 혼자뿐입니다.

그런데 저들은 나까지 죽이려 합니다."라며 호소합니다.

그러나 하나님은 그에게 말씀하십니다.

"나는 바알에게 무릎 꿇지도, 입 맞추지도 않은 7,000명을

이스라엘 가운데 남겨두었다." (열왕기상 19:18)

하나님의 나라는 보이지 않는 곳에서 자라고 있습니다.

예수님도 말씀하셨습니다.

"하나님의 나라는 볼 수 있게 임하는 것이 아니요." (누가복음 17:20)

진리는 눈에 띄지 않게, 조용히, 그러나 깊이 자리잡습니다.

사람들의 눈을 끄는 화려한 표적 없이도

그 영향력은 분명하게 나타납니다.

성장은 설명할 수 없는 신비입니다.
하지만 한 가지 분명한 것은,
그 성장은 멈추지 않는다는 것입니다.

사람들은 내가 과거에 얼마나 벌레 같았는지 모를 수 있습니다.
하지만 하나님의 말씀의 씨앗이 내 마음 깊은 곳에 심기고,
그 말씀이 조용히 자라 열매를 맺을 때,
그것은 반드시 하나님의 창고에 쌓이는 알찬 결실이 될 것입니다.

그러니 오늘도 말씀을 내 안에 잘 간직하고,
그 씨앗이 자라도록 기도하며 살아가야 합니다.

기도

내 마음 밭에 말씀의 씨를 깊이 심게 하소서.
눈에 보이지 않는 시간에도
말씀의 씨가 자라고 열매 맺을 것을 믿게 하소서.
싹이 나고, 자라고, 결실하여
마침내 하나님 나라의 창고에 들게 하옵소서.

예수 그리스도의 이름으로 기도드립니다. 아멘.

54
수고 후에 결실 (요4:38)

예수님은 사마리아에서 전도 사역을 마치신 후 제자들에게 이 놀라운 말씀을 남기셨습니다.

"너희가 뿌리지 않은 데서 거두게 하였다."

이 말씀은

우리의 열매가 항상 우리의 수고만의 결과는 아니라는 것을 의미합니다.

어떤 이는 씨를 뿌리고,

어떤 이는 물을 주며,

어떤 이는 결실을 거둡니다.

그러나 모든 열매의 주인은 하나님이십니다.

찬송가 371장(새580장) "삼천리 반도 금수강산"은

고 남궁억 선생님이 지으신 귀한 찬송입니다.

그분은 민족과 교회를 위해 일생을 바친 애국자이자 신앙의 사람이었습니다.

강원도 홍천의 유리봉 꼭대기에는 그의 유언이 새겨진 탑이 세워져 있습니다.
"내가 죽거든 과실나무 아래 묻어 거름이라도 되게 하라."

그분은 해방을 보지 못한 채 순교자처럼 생을 마쳤지만, 그의 뿌림은 대한민국의 해방이라는 열매로 맺혔습니다.
이처럼 우리는 누군가의 수고 위에 서 있습니다.
그리고 우리 또한 다음 세대를 위해 씨를 뿌려야 할 책임이 있습니다.

사도 바울은 고린도전서 3장에서 이렇게 고백합니다.
"나는 심고 아볼로는 물을 주었으되,
오직 하나님께서 자라나게 하셨나니…
각 사람은 자기의 수고대로 자기의 상을 받으리라."(고전 3:6-8)

시편 기자도 말합니다.
"눈물을 흘리며 씨를 뿌리는 자는 기쁨으로 거두리로다.
울며 씨를 뿌리러 나가는 자는
반드시 기쁨으로 그 곡식단을 가지고 돌아오리로다." (시편 126:5-6)

이 말씀들은

전도자와 신실한 일꾼들에게 주시는 위로와 격려의 말씀입니다.

때로 우리의 수고가 헛된 것처럼 보여도,

하나님은 절대로 잊지 않으십니다.

나는 오늘 어떤 씨앗을 뿌리고 있는가?

나는 조상과 선배의 수고 위에 어떤 열매를 맺고 있는가?

나는 미래 세대를 위해 어떤 흔적을 남기고 있는가?

하나님은 우리가 보지 못한 수고에도 열매 맺는 은혜를 주십니다.

우리는 눈물로 씨를 뿌리며,

언젠가 반드시 기쁨으로 단을 거두게 될 것을 믿고 살아야 합니다.

기도

아버지 하나님,
오늘도 땅을 갈고 씨를 뿌리는 자로 살게 하소서.
선배들의 수고를 기억하게 하시고,
그 결실을 거둘 때 감사하며 겸손하게 하소서.
또한 나의 수고를 통해 다음 세대가 열매를 거두게 하소서.
들쥐와 들짐승이 빼앗지 못하게 하시고,
하늘의 이슬과 땅의 기름짐으로 축복해 주소서.

예수 그리스도의 이름으로 기도드립니다. 아멘.

6부

말씀으로 남은 사람

서문

말씀은 지나간 흔적이 아니라 살아 있는 유산입니다. 정 목사님은 삶의 마지막까지 말씀을 묵상하고, 그 말씀을 통해 자신을 돌아보며 다음 세대를 축복하셨습니다.

이 장은 목사님의 영혼에 가장 깊이 남은 말씀들과 그것을 따라 살아간 흔적들입니다. 그분이 남긴 말씀들은 이제 우리에게 전해져, 다시금 믿음의 길을 걷게 하는 등불이 됩니다.

55
먼저 남을 존경하라 (마7:12)

예수님은 우리에게 단지 누군가에게 피해를 주지 말라고 하신 것이 아니라, 먼저 사랑하고 먼저 대접하라고 말씀하십니다.

기독교의 윤리는 소극적인 방어가 아니라, 적극적인 사랑의 실천입니다.

야고보서 4장 17절은 이렇게 말합니다.

"사람이 선을 행할 줄 알고도 행하지 아니하면 죄니라."

하나님의 사랑은 먼저 주시는 사랑입니다.

댓가를 바라지 않고 자신을 내어주시는 아가페 사랑이 바로 그 사랑입니다.

우리도 누군가에게서 사랑받기보다는 먼저 그를 존중하고 이해하며 섬기려는 마음이 필요합니다.

모든 사람이 서로를 존경하고, 그 사람의 입장에서 생각하며, 존재 자체를 귀하게 여긴다면 이 세상은 훨씬 아름다워질 것입니다.

우리는 종종 큰 변화를 원하지만,
사실은 작은 실천 하나가 진짜 변화를 이끕니다.
조급한 마음 내려놓고, 오늘 내가 할 수 있는 작은 사랑을 실천해 봅시다.

오늘 하루, 주님의 말씀을 마음에 품고 살아가십시오.

기도

주님, 생각은 많지만 실천이 부족한 저희를 도우소서.
먼저 사랑하고,
먼저 대접하며 살아가는 하루가 되게 하소서.

예수님의 이름으로 기도드립니다. 아멘.

56
예배는 보는 것이 아니다 (롬12:1)

우리는 예배를 자주 "본다"고 말합니다.

하지만 예배는 구경하는 것이 아닙니다.

예배는 드리는 것, 참여하는 것, 응답하는 것입니다.

가톨릭에서는 "미사를 드린다"고 말하고,

믿지 않는 이들도 "제사를 드린다"고 말합니다.

그런데도 개신교인들 중에는 종종 무의식 중에

"예배 보러 간다"는 표현을 사용하곤 합니다.

그러나 성경은 "신령과 진정으로 드리는 것"이 예배라고 말씀합니다.

1. 예배는 구속에 대한 감사와 찬양, 그리고 소망의 표현입니다(시편 138:2)

예배는 교회의 생명이며,

그리스도인의 삶에서 가장 기본적인 사명입니다.

진정한 예배는

사람이 하나님을 위해 뭔가를 이루어내는 것이 아니라,

하나님께서 우리를 위해 행하신 일에 대한 감사의 응답입니다.

마치 모든 식물이 햇빛을 따라 방향을 돌리듯,

인간은 하나님을 향해 마음을 돌리는 것,

그것이 바로 예배입니다.

예배의 방식과 형식도 하나님이 정하셨고,

드릴 제물조차도 하나님께서 우리에게 미리 준비하게 하신 것입니다.

예배는 인간이 주도하는 행위가 아니라,

하나님의 은혜에 대한 자발적이고 감사한 응답입니다.

2. 예배는 하나님을 섬기는 구체적인 행동입니다(로마서 12:1)

종교개혁자 마틴 루터는

"하나님을 섬긴다는 것은 곧 하나님을 예배하는 것이다"라고 말했습니다.

예배는 구원받은 자가 자신의 영혼을

하나님의 뜻을 따라 드리고 봉사하는 것입니다.

그렇기에 예배는 구경하거나 관찰하는 것이 되어서는 안 됩니다.

"예배를 본다"는 말은, 자신이 구경꾼이라는 고백이자,
예배의 주인공이 되지 못하겠다는 말과 다름이 없습니다.

우리는 예배의 자리에
죄에서 구속해 주신 하나님의 은혜를 기억하며,
감사로 나아가고,
몸과 마음을 온전히 드려야 합니다.
예배는 하나님께 향한 사랑의 고백이며,
하나님을 섬기는 삶의 중심 행위입니다.
구속에 감사하는 찬양이자,
순종으로 응답하는 우리의 헌신입니다.
예배는 보는 것이 아닙니다.
예배는 삶을 드리는 것입니다.

오늘 나의 예배는 참여하고 있는가,
아니면 지켜만 보고 있는가 돌아보며,
우리의 예배가 살아 있는 제사,
하나님이 기뻐하시는 영적 예배가 되기를 기도합니다.

57
썩어진 하나의 밀알 (요12:24−26)

오늘날 교회가 이렇게 성장하고 부흥하게 된 것은
수많은 믿음의 선배들의 눈물과 희생,
특히 순교의 피가 있었기 때문입니다.

초대 교부 터툴리안은 말했습니다.
"그리스도인의 피는 장차 추수할 씨앗이다."

예수님 자신도 한 알의 밀알이 썩어 죽는 것으로
많은 생명을 얻게 되는 생명의 원리를 가르치셨습니다.
당신 자신의 죽음을 통해 인류에게 부활의 생명을 나누어 주신 것
입니다.

이 말씀은 역사의 대원리이자, 신앙의 본질을 보여줍니다.

누군가의 희생이 있을 때,

하나님은 그 희생을 통해 많은 열매를 맺게 하십니다.

다가오는 2월은 경로의 달,

그리고 은급 주일이 있는 달입니다.

은급 주일은 일생을 목회에 헌신하시고 70세가 넘어 은퇴하신 원로 목사님들, 전도사님들, 그리고 고인이 된 목회자의 미망인들을 위해 기도하고 헌금으로 섬기는 시간입니다.

이분들은

자신과 가족의 생활보다 주님의 교회와 성도들을 먼저 돌보셨고, 집 한 칸 마련하지 못한 채 맨손으로 은퇴하신 분들이 많습니다.

그러므로 우리들은 기도와 물질로 그분들의 노후를 섬겨야 할 책임이 있습니다.

히브리서 13장 7절은 이렇게 말합니다.

"하나님의 말씀을 너희에게 전하고 너희를 인도하던 자들을 기억하라. 그들의 삶의 결말을 주의 깊게 보고 그 믿음을 본받으라."

또 데살로니가전서 5장 12-13절에는

"너희 가운데 수고하고 주 안에서 너희를 다스리며 권면하는 자들을 너희가 알아주며, 그들의 일을 생각하여 사랑 안에서 가장 귀히 여기라"고 하셨습니다.

예수님은 썩어지는 밀알로 많은 열매를 맺으셨습니다.
믿음의 선배들도 자신을 드려 교회를 세웠습니다.
이제는 우리가 그 열매로 살아가는 자로서
그분들의 노후와 안식을 위해
기도하며 함께 섬겨야 하겠습니다.

하나님,
예수님께서 썩어진 밀알이 되어 우리에게 생명을 주신 것처럼
한평생 주님의 나라를 위해 헌신하신
목회자들과 그 가족들을 기억하게 하소서.

그들의 삶에 주님의 위로와 은혜가 가득하게 하시고,
우리가 그분들을 기도로, 사랑으로 섬기게 하소서.
그 희생 위에 선 교회가 더 깊이 주님을 따르게 하소서.

예수 그리스도의 이름으로 기도합니다. 아멘.

58
안식일의 주인 (막2:23-28)

마가복음 2:23-28

어느 날 한 젊은이가 무디 선생을 찾아와 이렇게 질문했습니다.

"선생님, 주일을 지킨다고 해서 구원받는 건 아니지 않습니까? 예수님을 믿음으로 구원받는 것이지요?"

무디는 조용히 대답했습니다.

"맞습니다. 그 말은 참으로 옳습니다."

그러자 젊은이는 말했습니다.

"그래서 저는 주일마다 굳이 교회에 나갈 필요는 없다고 생각합니다."

그때 무디는 난로에서 활활 타오르고 있던 조개탄 하나를 불집게로 꺼내어 혼자 바닥에 놓았습니다. 얼마 후, 그 조개탄은 서서히 검게 식어가더니 결국 불이 꺼지고 말았습니다.

그 모습을 지켜보던 젊은이는 이내 깨달았습니다.
"아, 신자는 조개탄과 같다는 말씀이군요.
함께 있으면 불이 계속 타오르지만,
혼자 떨어져 있으면 결국 꺼져버린다는 뜻이군요."

예수님께서는 말씀하셨습니다.
"안식일이 사람을 위하여 있는 것이지,
사람이 안식일을 위하여 있는 것이 아니니,
인자는 안식일의 주인이니라." (마가복음 2:27-28)

주일은 우리의 유익을 위해 하나님께서 허락하신 날입니다.
그러나 이 날은 사람의 것이 아니라 하나님의 날입니다.
우리가 이 날을 제멋대로 사용한다면,
그것은 곧 하나님의 날을 도둑질하는 것입니다.

우리나라 속담에 "새빨간 날 도둑놈"이라는 말이 있습니다.
이 말은 주일을 거룩하게 지키지 않는 신자에게 붙이는 꾸짖음이
기도 합니다.

바울 사도는 에베소서 4장 28절에서 이렇게 말합니다.
"도둑질하는 자는 다시 도둑질하지 말고,
도리어 가난한 자에게 구제할 수 있도록

자기 손으로 수고하여 선한 일을 하라.”

주일은 주님의 날입니다.
그러므로 우리는 주 앞에 나아가 예배하고,
그날을 주님을 위한 일에 드려야 합니다.

주님은 자신의 날을 소중히 여기는 자를 귀히 여기십니다.

주일을 지킨 한 사람의 이야기입니다.
일본 기독교단의 재무부장이기도 했던
사또 요에 장로님은 센다이 시에서 음식점을 운영했습니다.

그는 음식점 입구에
“금주의 집”이라는 간판을 걸고, 그 아래에 “가지고 오는 술도 금
합니다”라는 문구를 붙여두었습니다.

그리고 주일이 되면
“휴업”이라는 팻말을 걸고, 그날은 오직 교회에 가서 예배드리고
주님의 일에 전념했습니다.

사람들은 이렇게 말했습니다.
“저 집은 오래 못 가서 망하겠군.”

그러나 예상과는 달리, 그 음식점은 날이 갈수록 더 번창했고, 결국 12개의 지점을 낼 정도로 성장했습니다.

하나님의 말씀대로 사는 삶은 세상의 생각을 뛰어넘는 결과를 가져옵니다.
순종에는 반드시 하나님의 축복이 따릅니다.

주일의 주인이신 주님!
당신의 날인 이 주일에,
제가 오직 주님만을 기쁘시게 하는 삶을 살게 하소서.
세상의 소리보다 말씀에 귀 기울이고,
주님과 함께하는 시간에 생명을 얻게 하소서.

예수님의 이름으로 기도합니다. 아멘.

59
주일을 거룩하게 지키라 (막3:1-6)

마가복음 3:1-6

예수님께서 어느 안식일에 회당에 들어가셨습니다. 그곳에는 한쪽 손이 마른 사람이 있었습니다. 바리새인들은 예수님께서 그 사람을 고치시는지 지켜보며 고발할 기회를 엿보고 있었습니다.

예수님은 그들을 향해 두 가지 질문을 하셨습니다.
"안식일에 선을 행하는 것이 옳으냐, 악을 행하는 것이 옳으냐? 생명을 구하는 것이 옳으냐, 죽이는 것이 옳으냐?"

그러나 바리새인들은 아무 대답도 하지 못했습니다.
당연한 질문이었기에, "악을 행하라"거나 "죽이라"고 말할 수 없었던 것입니다.
예수님은 사람들 앞에서 그 마른 손을 가진 사람을 고쳐주셨습니다.
그러자 참패한 바리새인들은 분노하며 예수님을 죽일 계획을 세우기 시작했습니다.

   바리새인들은 하나님께서 안식일을 명령하신 참된 뜻은 외면한
채, 형식과 규칙에만 집착하며 사람들의 삶을 구속했습니다.
   하지만 예수님은 안식일에 대해 이렇게 가르치셨습니다.

안식일은 창조주 하나님을 기억하며,
하나님이 기뻐하시는 선한 일을 행하기 위한 날입니다.

예수님은 안식일의 참된 의미를 회복시키셨고,
초대교회 성도들은 이 정신을 따라 주님의 부활하신 날,
즉 안식일 다음 날인 주일(일요일)에 모여
예배드리고 말씀을 나누며 사랑의 교제를 실천했습니다.

우리도 이 예수님의 정신을 이어받아
주일을 거룩하고 뜻깊게 지킵시다.

주일은 단지 쉬는 날이 아니라,
하늘의 복을 누리는 날,
하나님과 깊은 교제를 나누는 날,
이웃과 사랑을 나누는 날입니다.

찬송가 56장 (새 44장)–"지난 이레 동안에" 는 이사야 66:23에 근거한 '조지 뉴턴'의 고백시입니다.

지난 이레 동안에 예수 인도했으니
주의 전에 모여서 크신 축복 빕니다
가장 복된 이 날은 하늘 안식표로다

주의 공로 힘입어 은혜 주심 빌 때에
화목하게 하시고 죄를 벗겨주소서
세상 걱정 면하고 오늘 쉬게 하소서

하나님의 이름을 찬송하러 왔으니
모임 중에 계시고 영광 나타내소서
기쁜 하늘 잔치의 맛을 보게 하소서

주의 기쁜 복음을 죄인 듣게 하시고
모든 믿는 사람을 위로하여 주소서
주님 오실 때까지 이날 지키리로다. 아멘

거룩한 날을 주신 하나님, 감사합니다.
오늘 우리 가족 모두가 함께 예배드리게 하시고,
하나님이 기뻐하시는 일을 행하게 하소서.

주님의 말씀을 널리 전하게 하시고,
선한 일과 사랑의 교제 안에 더욱 깊이 들어가게 하소서.

예수님의 이름으로 기도드립니다. 아멘.

60
말씀을 순종할 때 뜻이 이루어졌다(마21:1 – 11)

마태복음 21:1-11

종려주일은 예수님께서 예루살렘에 입성하신 날입니다.

사순절 여섯째 주일로, 군중들은 종려나무 가지를 흔들며 기쁨으로 외쳤습니다.

"호산나! 주의 이름으로 오시는 이여 찬송하리로다!"

예수님은 정복자의 모습으로 입성하지 않으셨습니다.

그 대신, 짐 나르는 나귀 새끼를 타고 겸손의 왕, 평화의 왕으로 예루살렘에 들어가셨습니다. 이는 오래 전 선지자 스가랴의 예언이 이루어진 사건입니다.

1. 스가랴의 예언이 이루어진 날

"시온의 딸아, 크게 기뻐할지어다.

예루살렘의 딸아, 즐거이 부를지어다.

보라 네 왕이 네게 임하나니

그는 공의로우시며, 구원을 베푸시며,

겸손하여 나귀를 타시나니

나귀의 작은 것, 곧 나귀 새끼니라." (스가랴 9:9)

약 520년 전, 스가랴 선지자가 전한 이 말씀은 오늘 본문에서 예수님의 예루살렘 입성을 통해 문자 그대로 성취되었습니다.

복음서 기자들은 이 장면을 보며,

예수님이 구약에서 예언한 바로 그 메시야임을 확신하게 됩니다.

2. 사람도, 짐승도 말씀에 순종할 때 뜻이 이루어집니다

예수님은 사람들의 환호 속에 나귀를 타고 예루살렘에 입성하셨습니다.

군중들은 손에 종려 가지를 높이 들고 기쁨을 감추지 못한 채 외칩니다.

"호산나!

주의 이름으로 오시는 왕이여, 찬미를 받으소서!

하늘에는 평화요, 하나님께는 영광이로다!"

그러나 바리새인들은 이 환호를 불편해하며 말합니다.

"선생이여, 제자들을 책망하십시오!"

예수님께서는 이렇게 대답하십니다.

"내가 너희에게 말하노니,

이 사람들이 잠잠하면 돌들이 소리 지를 것이다." (눅 19:40)

이는 하박국 선지자의 말씀을 떠올리게 합니다.

"담에서 돌이 부르짖고 집에서 들보가 응답하리라." (합 2:11)

하나님의 뜻은 누군가 반드시 외치게 되어 있습니다.

사람이 침묵하면 돌이라도 외칩니다.

3. 순종할 때, 하나님의 뜻이 성취됩니다

예수님의 입성은 인류 역사상 가장 위대한 사건 중 하나입니다.

이는 단지 그날 환호한 군중들 때문이 아니라,

예수님과 제자들, 심지어 말 못하는 나귀까지도 하나님의 말씀에 순종했기 때문입니다.

예언이 이루어지고, 하나님의 계획이 성취된 이유는 한 가지입니다. "말씀에 순종했기 때문"입니다.

우리가 입술로만 주를 외치는 신자가 아니라,

묵묵히 순종하며 봉사하는 자가 될 때 우리 안에서도 하나님의 뜻이 이루어지게 될 줄 믿습니다.

종려주일은 단순한 절기가 아닙니다.

하나님의 말씀이 성취된 날이며,

순종이 하나님의 계획을 실현하는 도구임을 다시금 깨닫게 하는 날입니다.

예수님의 겸손, 제자들의 순종, 그리고 나귀의 묵묵한 역할까지…

모든 것이 말씀에 순종함으로써 하나님의 뜻을 이루어냈습니다.

오늘 나에게도 그 말씀에 순종하는 믿음이 있기를 기도합니다.

호산나! 주의 이름으로 오시는 왕을 찬양합니다.

기도

주여,

입술로만 외치는 신자가 되지 않게 하시고,

말없이 순종하며 봉사하는 자가 되게 하소서.

오늘도 주님의 말씀 앞에 나를 낮추고,

묵묵히 그 뜻을 이루는 삶을 살게 하옵소서.

예수님의 이름으로 기도드립니다. 아멘.

61
새로운 가정 (잠3:33)

“여호와께서는 불의한 자의 집에는 저주를 내리시고
옳은 사람의 보금자리에는 복을 내리신다.”
(잠언 3:33, 공동번역)

우리의 가정에 대해 다시금 깊이 생각해 봅니다.

가정은 지상의 낙원입니다.
이 낙원이 무너지면,
인생은 마치 이미옥(離美獄)—아름다움에서 떠난 감옥 같은 삶이 됩니다.
세상에서 가장 따뜻한 보금자리는 바로 가족입니다.

새로운 삶을 원한다면, 먼저 가정이 새로워져야 합니다.
가정은 우리의 삶의 터전이요, 쉼의 자리이기 때문입니다.
그러나 새로운 가정은 저절로 만들어지지 않습니다.
먼저 기도해야 합니다.

1. 우리 가정에 '사랑'을 주옵소서

사도 바울은 고린도전서에서 다음과 같이 말합니다:

"천사의 말을 할지라도 사랑이 없으면 아무것도 아니요,

산을 옮길 만한 믿음이 있어도 사랑이 없으면 아무것도 아니다."

(고전 13장 요약)

사랑은 이해요, 관심이요, 책임이며 헌신입니다.

진정한 가정의 행복은 이런 사랑이 넘칠 때 이루어집니다.

"채소를 먹으며 서로 사랑하는 것이, 살진 소를 먹으며 미워하는

것보다 나으니라." (잠 15:17)

우리 가족 모두의 마음속에 이해와 관심, 헌신이 따르는 뜨거운

사랑이 샘솟듯 솟아나게 하소서.

2. 견고한 '믿음의 가정'이 되게 하소서

야곱은 하나님에 대한 믿음이 흔들릴 때

가정의 도덕도, 윤리도 무너졌고

그 가정에는 풍파가 일어나기 시작했습니다.

그러나 그의 믿음이 다시 바로 설 때

하나님의 음성이 들려왔고,

온 가족이 주 안에서 행복을 누리게 되었습니다.

김봉록 감독님은 말씀하셨습니다.

"신앙을 불행의 응급치료약으로만 생각하면 안 됩니다. 교회를 가정 문제의 일시적 처방으로 이용하려는 경우가 있습니다. 그러나 신앙은 가정의 중심이 되어야 하고, 교회는 가정 행복의 울타리가 되어야 합니다."

우리 온 가족이 흔들리지 않는 믿음 위에 서게 하소서.
신앙이 가정의 중심이 되게 하소서.

3. 감사가 넘치는 가정이 되게 하소서

감사가 있는 곳에는 기쁨이 있고,
꿈이 있는 곳에는 찬송이 있습니다.

야고보 사도는 "신앙생활이란 기도와 찬송"이라고 했습니다. (약 5:13)

부모는 자녀를 칭찬하고,
자녀는 부모를 존경하며 순종하며,
서로를 향해 감사하는 마음을 품어야 합니다.

감사가 자라나는 가정,
서로를 귀히 여기는 가정이 되게 하소서.

주님,
뜨거운 사랑이 샘솟는 가정,
흔들림 없는 믿음의 가정,
서로를 아껴주고 존중하며
믿어주고 칭찬하고
감사하는 가정이 되게 하옵소서.

우리의 보금자리를
하나님의 평안과 축복이 가득한
새로운 가정으로 새롭게 하옵소서.

예수님의 이름으로 기도드립니다. 아멘.

62
어린이를 축복하신 예수님 (마19:13-14)

"그 때에 사람들이 예수께서 안수하고 기도해 주시기를 바라고 어린이들을 데리고 왔는데, 제자들이 그들을 꾸짖었다. 그러나 예수께서는 말씀하셨다. '어린이들을 나에게 오게 하라. 그들을 막지 말라. 하늘나라는 이런 어린이와 같은 사람들의 것이다.'" (마태복음 19:13-14)

5월 첫 주일, 우리는 어린이주일로 하나님 앞에 나아갑니다.

예전에는 이 날을 꽃주일이라 불렀습니다.

어린 새싹들을 축하하고 격려하며, 예배로 그들의 존재를 귀하게 여기는 날이었습니다.

1922년, 방정환 선생님과 색동회가 주도하여 한국에서는 처음 어린이날을 기념하기 시작했습니다.

이후 1946년, 5월 5일로 그 의미가 확정되었고, 이 날은 어른들에게도 새로운 책임의 각성을 주는 날이 되었습니다.

어린이는 가정의 꽃이요, 나라의 초석입니다

영국 속담에

"집안에 어린이가 없는 것은 지구에 태양이 없는 것과 같다."고 했습니다.

어린이가 없는 삶은 삭막하고 차가우며,

마치 총칼로 대치하는 전쟁터와 같을 수밖에 없습니다.

그럼에도 불구하고, 어른들 중에는 자기들만이 세상의 중심이라

착각하는 이들이 있습니다.

그러나 주님은 분명히 말씀하셨습니다.

"어린아이와 같은 자가 천국의 주인이다."

예수님은 어느 날, 자녀를 데리고 나온 부모들을 보시고 아이들의

머리 위에 손을 얹고 기도해 주셨습니다.

그 모습을 못마땅하게 여긴 제자들을 향해 예수님은 엄히 말씀하

셨습니다.

"어린이들이 내게 오는 것을 막지 말라. 천국은 이런 사람들의 것

이다." (마 19:14)

예수님의 그 축복하심과 사랑은 오늘도 우리의 가정과 교회, 이

땅의 어린이들 위에 임해야 합니다.

어린이를 귀히 여깁시다

낙락장송도 어제는 작은 솔씨였고,

하늘을 찌를 듯한 참나무도 도토리 하나로 시작되었습니다.

오늘의 아이들은 미래의 어른이요, 지구촌의 주인공입니다.

오늘의 우리는 머지않아 무대 뒤로 물러날 존재들이지만,

저들은 새로운 세대를 이끌 이들입니다.

삼대 밭에서 자라는 쑥대라야 곧게 자라고,

곧은 열매 옆에 난 칡넝쿨이라야 하늘을 향해 뻗어 오릅니다.

어린이들이 바르고 곧게 자라도록, 가정과 교회가 좋은 토양이 되어야 합니다.

삼손의 아버지 마노아는 천사 앞에서 간절히 기도했습니다.

"우리가 이 아이를 어떻게 키워야 하며, 무엇을 하여야 하리이까?"

(사사기 13:8–12)

기도

하나님,
우리도 좋은 부모, 좋은 스승 되게 하옵소서.
어린이 한 사람 한 사람을
예수님처럼 사랑하고 축복하게 하옵소서.

예수님의 이름으로 기도드립니다. 아멘.

63
자랑해야 할 어버이 (엡6:1-2)

5월,

어버이날을 맞아 다시 한 번 우리 마음에 질문을 던져 봅니다.

나는 과연 부모님을 자랑스럽게 생각하고 있는가?

가슴에 손을 얹고 진심으로 되묻고 싶습니다.

부모님을 자랑스럽게 여기는 마음이 있을 때, 진정으로 순종할 수 있고 공경할 수 있습니다.

"제 아버지가 가장 훌륭합니다."

어느 지방 교회에서 부흥회를 인도하시던 목사님 한 분이 저녁 초대를 받아 장로님 댁을 방문했습니다.

그 집에는 국민학교 2학년 아이가 있었는데, 목사님이 물었습니다.

"얘야, 이 세상에서 누가 가장 훌륭하다고 생각하니?"

아이는 주저 없이 대답했습니다.

"제 아버지요."

이 얼마나 감동적인 대답입니까!
하나님을 자랑스럽게 여기는 자가 진정한 신자이듯,
부모를 자랑스럽게 여기는 자가 복된 인생을 살아갈 수 있습니다.

성경은 이렇게 말씀합니다.
"네 부모를 공경하라. 이것은 약속이 있는 첫 계명이니 이로써 네
가 잘되고 땅에서 장수하리라." (엡 6:2-3)

효자의 눈물, 효부의 헌신, 임금의 감동

조선 숙종 시대, 어느 날 임금이 밤중에 평복을 입고 민정을 살피
다 한 오막살이 집에서 특이한 광경을 목격했습니다.

한 노인은 눈물 흘리고, 상복 입은 아들은 노래를 부르고, 여승 차
림의 며느리는 춤을 추고 있었습니다.
이상히 여긴 숙종이 까닭을 묻자, 노인은 이렇게 말했습니다.
"저는 홀아비입니다. 오늘이 제 생일인데 며느리가 제 머리카락을
잘라 팔아 술과 고기를 준비했지요.
상을 당한 제 아들은, 슬픔을 눌러 노래를 부르며 며느리는 춤을
추어 저를 위로하고 있습니다.
그 효심에 눈물이 납니다.

다만 제가 가진 게 없어 자식에게 아무것도 남기지 못한 것이 한스럽습니다."

이 이야기에 감동한 숙종은 그 정체를 숨기고 쌀과 고기, 선물을 건넨 뒤 효자에게 말했습니다.
"내일 나와 함께 과거를 보자."

다음 날, 과거 시험의 과제는 바로
'상가승무노인탄(喪歌僧舞老人歎)',
즉 "상복의 노래, 승복의 춤, 노인의 탄식"이었습니다.
효자는 그날 겪은 일을 토대로 글을 지어 올렸고, 장원 급제하게 되었습니다.

그는 벼슬길에서도 아버지를 더욱 공경하고 임금에게는 충신으로, 부모에게는 더욱 깊은 효자로 살게 되었습니다.

자랑해야 할 부모님
우리는 이 땅의 삶에서
하늘의 복을 받고,
오래 살기를 원합니다.

그 시작은 하나님이 주신 약속대로, 부모를 공경하는 삶입니다.

부모님의 수고를 기억하고 자랑스럽게 여길 때,

우리 안에 감사와 순종이 자연스럽게 피어납니다.

하나님,
우리 부모님을 귀하게 여기게 하소서.
그들의 헌신과 눈물을 자랑스럽게 여기는 자녀 되게 하소서.

부모에게 순종하며 살아가는 삶을 통해
주께서 약속하신 복을 누리게 하시고,
우리도 다음 세대에 자랑이 되는 부모가 되게 하소서.

예수님의 이름으로 기도드립니다. 아멘.

64
어머니를 생각하며 (골3:20)

어머니 주일의 유래

어머니 주일(Mother's Day)은 미국의 필라델피아 근처 웹스터 마을에서 시작되었습니다. 그곳에 살던 안나 자비스라는 소녀의 어머니는 26년 동안 교회 주일학교 교사로 봉사하며,

항상 제5계명 -"네 부모를 공경하라"-를 아이들에게 가르쳤습니다.

어머니가 세상을 떠난 후, 안나는 어머니의 은혜를 기억하며 카네이션 한 다발을 무덤 앞에 놓았고, 추도식에 온 사람들의 가슴에 한 송이씩 꽂아드렸습니다.

이 순수한 사랑과 효심이 사람들의 마음을 움직였고, 1914년 미국 의회는 5월 둘째 주일을'어머니 날'로 지정하였습니다.

이때부터 빨간 카네이션은 살아 계신 어머니, 흰 카네이션은 돌아

가신 어머니를 의미하는 전통이 생긴 것입니다.

한국의 어버이날, 교회의 어머니 주일

우리나라에서는 5월 8일을 '어버이날'로 정해, 부모 모두를 기리는 날로 지켜오고 있습니다.

그러나 많은 교회에서는 여전히 5월 둘째 주일을 '어머니 주일'로 삼아, 어머니의 헌신을 기억하고 감사 예배를 드립니다.

이 주일은 단지 이벤트가 아니라, 하나님의 사랑을 품고 자녀를 품은 어머니의 마음을 기념하는 시간입니다.

정철 선생의 시 한 수
"어버이 살아실제 섬기기를 다하여라
지나간 후면 애닯다 어이하리
평생에 고쳐 못할 일이 이뿐인가 하노라."

부모님이 계실 때 더 많이 사랑하고, 더 많이 표현하며, 더 잘 섬기는 것이 신앙인의 바른 삶입니다.

『정 목사님 본인의 이야기』
신학교에 입학하던 날 아침, 어머니는 눈물로 기도하시며 이렇게 말씀하셨습니다.

"신학을 하고 목사가 되는 것보다 일생을 같이 살아주면 좋겠다.
그래도 좋은 아들 주신 하나님 감사합니다.
　이 아들이 좋은 목사가 되어 이 여종이 못다 한 일을 다 하게 하옵
소서."

　그 기도를 들으며
"어머니, 내 일생 어머니를 모시고 살겠습니다"라고 약속했지만,
목사가 되기도 전에 어머니는 하나님의 부르심을 받으셨습니다.

　그 후회와 그리움은 말로 할 수가 없습니다.
"어머니! 다시 불러봅니다.
그 이름은 다시 불러도 싫지 않은 가장 따뜻한 이름입니다."

하나님 아버지,
우리를 세상에 보내시며
어머니의 품을 통해 생명과 사랑을 주신 은혜에 감사드립
니다.

어머니의 기도, 어머니의 눈물,
어머니의 희생과 헌신을 우리가 잊지 않게 하시고
살아계실 때 더욱 사랑하며 섬기게 하소서.

정말로

"충신은 효자문에서 구하라" 하셨으니,
우리 모두가 효자 되어 충성 다하는 신앙인 되게 하옵소서.

부모님께 기쁨을 드리고,
하나님께 영광 돌리는 삶을 살게 하옵소서.

예수님의 이름으로 기도드립니다. 아멘.

65
하나님께 사랑받는 자녀 (눅2:52)

작은 손의 믿음, 큰 은혜의 문을 열다.

한 어린 여학생이 생일을 맞아 부모님과 함께 축하의 시간을 가졌습니다.

아미시 마을에서 맛있는 음식을 먹고 생일 케이크를 받아 돌아오는 길에 그 가족은 목사님의 집에 잠시 들렀습니다.

온 식구가 바쁜 와중에도 그 아이를 축하하며 따뜻한 인사를 전했습니다.

그런데 잠시 뒤, 그 아이는 다시 집 안으로 들어왔습니다.

무언가를 두고 간 줄 알았던 목사님에게 아이는 조심스럽게 부탁했습니다.

"목사님, 생일 케이크를 나누며 축복기도를 받고 싶어요."

그 아이는 생일의 기쁨을 기도로 마무리하고 싶었던 것입니다.

목사님은 아이의 머리에 손을 얹고 간절히 축복의 기도를 올렸습니다.

그 순전한 마음이 아름다워 더욱 깊은 감동을 주었습니다.

신앙으로 자라는 자녀

그 가정은 카톨릭 신자였지만, 목사님이 개척한 교회를 위해 십일조 헌금을 드렸고, 그 자녀는 믿음과 감사로 자라갔습니다.

신앙은 말로만 전해지지 않습니다.

삶과 행동 속에서 전해지는 것입니다.

자녀가 신앙 안에서 자라도록 우리는 부모로서 무엇을 보여주고 있습니까?

자녀에게 필요한 네 가지 기둥

1. 건강 – 건강한 몸은 삶을 감당할 체력을 줍니다.

2. 지혜 – 지혜는 삶의 방향과 판단을 이끌어 줍니다.

3. 덕(德) – 덕이 있어야 사람들과의 관계가 맺어집니다.

4. 믿음 – 하나님의 사랑을 받는 자녀가 되기 위해 믿음은 반드시 필요합니다.

믿음 없는 성공은 모래 위에 세운 집과 같고,

믿음 없는 명예는 무게 없는 깃털처럼 날아가 버립니다.

성경의 가르침 (잠언 3:1-7)

"내 아들아, 내 가르침을 잊지 말고 내 명령을 네 마음에 간직하여라. 그래야 네가 오래 살고 평안한 삶을 누릴 것이다.

성실과 진실을 절대 버리지 말고 그것을 네 목에 걸고 마음에 새겨라. 그리하면 하나님과 사람에게 사랑을 받고 은총을 입게 될 것이다.

무슨 일을 하든지 여호와께 여쭈어라. 그가 네 길을 곧게 하실 것이다."

자녀가 사람들 앞에서도 존경받고, 하나님 앞에서도 기쁨이 되도록 믿음의 기반 위에 세워야 합니다.

우리 자녀는 21세기의 주인공입니다

오늘날을 살아가는 우리의 자녀들은 지식과 정보는 넘치지만 지혜와 믿음은 자주 결핍되어 있습니다.

21세기의 주인공으로 설 자녀들이 참된 주인공이 되기 위해서는 하나님과 사람 앞에서 사랑받는 인격으로 자라야 합니다.

그 시작은 가정에서의 신앙교육입니다.

하나님 아버지,
우리 자녀들이 건강하고 지혜로우며
덕과 믿음을 함께 갖춘
하나님께 사랑받는 자녀로 자라게 하소서.

우리 가정이 신앙의 울타리가 되게 하시고,
자녀의 인생을 축복하는 믿음의 부모가 되게 하소서.

예수님의 이름으로 기도합니다. 아멘.

66
거룩한 생활의 특색 (살전5:16-17)

바울은 데살로니가 교회에 보내는 편지에서
'거룩한 삶의 세 가지 기둥'을 강조합니다.

"항상 기뻐하라.

쉬지 말고 기도하라.

범사에 감사하라."

이 말씀은 단순한 교훈이 아니라, 성령으로 거듭난 참된 그리스도인의 삶의 특색입니다.

이 세 가지를 삶에 실천할 수 있다면, 그 자체로 신앙의 뿌리와 열매를 모두 갖춘 삶이라 할 수 있습니다.

1) 항상 기뻐하라

기쁨은 성령의 열매이며, 은혜받은 그리스도인의 특징입니다.

"하나님의 나라는 먹는 것과 마시는 것이 아니라, 성령 안에서 의와 평강과 희락이라." (롬 14:17)

"오직 성령의 열매는 사랑과 희락과..." (갈 5:22)

이 기쁨은 환경이나 조건에 따라 좌우되지 않습니다.

순경(順境)에서도, 역경(逆境)에서도 예수 그리스도 한 분만으로 만족할 수 있을 때 비로소 항상 기뻐하는 삶이 가능합니다.

기쁨은 쓴 뿌리가 제거된 깨끗한 심령에서 피어납니다.

우리도 남을 위한 기쁨으로 살아갑시다.

"그러므로 내 마음이 기뻐하였고 내 혀도 즐거워하였으며..." (행 2:26)

2) 쉬지 말고 기도하라

기도는 영의 호흡이며 신앙의 생명선입니다.

성령 안에서 하나님과 끊임없는 교제를 유지하라는 말씀입니다.

"모든 기도와 간구를 하되 항상 성령 안에서 기도하고 이를 위하여 깨어 구하기를 항상 힘쓰라." (엡 6:18)

기도는

영적인 양식이며,

힘의 근원이요,

축복의 통로입니다.

자신을 위해, 가족을 위해, 교회를 위해, 민족과 나라를 위해 기도하는 삶은 곧 성령 충만한 삶입니다.

3) 범사에 감사하라

감사는 하나님의 뜻을 분별한 자만이 드릴 수 있는 고백입니다.

"하나님을 사랑하는 자, 곧 그 뜻대로 부르심을 입은 자들에게는 모든 것이 합력하여 선을 이루느니라." (롬 8:28)

범사에 감사할 수 있는 사람은 성령으로 충만하고 거룩한 자입니다.

감사는 기쁨이 있는 삶에서 피어나고, 기쁨은 기도에서 비롯됩니다.

이 세 가지(기쁨, 기도, 감사)는 서로 연결되어 있으며, 불평과 원망이 사라진 거룩한 심령에서 나타납니다.

결론: 이것이 하나님의 뜻입니다

"이것이 그리스도 예수 안에서 너희를 향하신 하나님의 뜻이니라." (살전 5:18)

사람을 대할 때는 기쁨으로,

자신을 대할 때는 기도로,

하나님을 향해서는 감사로 나아가는 것이

성도에게 주신 거룩한 생활의 길입니다.

하나님 아버지,
내 마음의 불평, 불만, 원망을 내려놓고
기쁨으로 사람을 대하며,
기도로 나 자신을 지키고,
감사로 주님을 예배하는 삶을 살게 하소서.

이 거룩한 특색이 나의 일상이 되기를 원합니다.

예수님의 이름으로 기도드립니다. 아멘.

67
예수님은 누구신가? (요1:1)

예수님은 누구신가요?

예수님은 단순한 선지자나 도덕적 스승이 아닙니다.

예수님은 '말씀'으로 오신 하나님 자신이십니다.

"말씀이 육신이 되어 우리 가운데 거하시매" (요 1:14)

이 '말씀'은 단지 소리가 아니라 창조의 능력, 변화의 시작입니다.

이삭이 야곱에게 한 축복의 말처럼, 한 번 선포된 말씀은 취소되지 않습니다.

그 말씀이 이제는 인간의 몸을 입고, 하나님께서 직접 세상 가운데 찾아오신 것입니다.

생명으로 오신 예수님

요한복음은 처음부터 끝까지 '생명'을 강조합니다.

"그 안에 생명이 있었으니" (요 1:4)

"이 이름을 믿고 생명을 얻게 하려 함이라" (요 20:31)

예수님은 영원한 생명을 주시기 위해 오셨습니다.
단순한 연장의 시간이 아니라,
멸망과 정죄를 넘어서는 하나님의 생명,
곧 하나님 자신의 생명을 우리에게 주시기 위함입니다.

"내가 그들에게 영생을 주노니 영원히 멸망하지 아니할 것이요
아무도 그들을 내 손에서 빼앗을 수 없느니라" (요 10:28)

이 생명은 예수를 믿는 자에게 주어집니다.
믿음은 생명의 문입니다.

빛으로 오신 예수님 "그 생명은 사람들의 빛이라" (요 1:4)

예수님은 혼돈 속에 '빛'으로 오셨습니다.
창세기에서 "빛이 있으라" 하셨던 그 하나님,
이제 예수님 안에서 어두운 세상에 빛을 비추십니다.

빛이 들어오면 어둠은 물러갑니다.
예수님을 믿는 사람은 절망의 어둠, 죄의 어둠, 방향을 잃은 어둠
에서 벗어납니다.

"나를 믿는 자는 어둠 속에 거하지 아니하리라." (요 12:46)

예수님이 우리 안에 오시면

예수님은 지금도 말씀으로, 생명으로, 빛으로 우리 안에 찾아오십니다.

우리의 혼란을 정리해 주시고

우리의 죽어 있는 영혼에 생명을 주시며

우리의 앞길을 밝히 비추십니다.

● 오늘도 그 빛을 따라, 생명으로 걸어가십시오.
  예수님은 어제도, 오늘도, 영원히 동일하신 말씀입니다.

기도

말씀 되시며 생명 되시며 빛이신 예수님,
오늘도 저의 마음에 찾아와 주셔서
혼란을 정리하게 하시고,
죽어 있는 영혼에 생명을 부어주시며,
앞길을 밝혀주옵소서.

감사와 찬양과 사랑과 기쁨이
예수님으로 인해 제 삶에 넘치게 하소서.
할렐루야!
예수님의 이름으로 기도합니다. 아멘.

68
닮아 살자 (창1:26-31)

창세기 1:26-31

하나님의 형상을 따라 지음 받은 인간

"하나님이 자기 형상 곧 하나님의 형상대로 사람을 창조하시되…"
(창 1:27)

하나님께서는 천지를 창조하신 후, 사람을 하나님의 형상대로 지으셨습니다.

그리고 "보시기에 심히 좋았더라" 하셨습니다.

인간은 하나님의 형상을 따라 창조된 가장 고귀한 존재입니다.

하나님은 사람에게 말씀하셨습니다.

"생육하고 번성하여 땅에 충만하라. 땅을 정복하라. 바다의 고기와 공중의 새와 땅 위의 모든 생물을 다스리라." (창 1:28)

인간은 '참됨(眞), 선함(善), 아름다움(美), 사랑(愛)'으로 창조되었습니다.

이는 곧 하나님의 성품이요, 우리가 닮아야 할 본질입니다.

닮은 자녀의 기쁨

1983년 여름, KBS에서 시작된 이산가족 찾기 운동은
온 국민에게 눈물과 감동의 시간이었습니다.
수십 년 전 6·25 한국전쟁으로 헤어진 가족들이
텔레비전 화면 앞에서 서로의 얼굴을 확인하며 말합니다.

"맞다! 닮았다!
저 눈, 저 코, 저 얼굴… 우리 가족이 맞다!"

닮았다는 것은 가장 강력한 증거였습니다.
그 피를 나눈 자녀라는 확신이었습니다.

이처럼 우리는 하나님의 자녀입니다.
그렇다면 우리 삶에서 하나님의 형상이 보이고 있는가?
우리 얼굴, 우리의 말과 행동, 삶의 태도 속에
하나님을 닮은 흔적이 비추고 있는가?

하나님의 형상이 흐려진 이유

오늘날 세상은 왜 이토록 거칠고 잔인한 모습으로 변했을까요?

그것은 우리가 하나님의 형상을 잃어버렸기 때문입니다.

욕심은 죄를 낳고, 죄는 하나님의 형상을 가립니다.
상처는 사랑을 가리고, 미움은 하나님의 성품을 왜곡시킵니다.

하나님의 형상을 따라 지음 받은 우리가 그 형상을 잃어버리면,
우리는 다스릴 권위도, 복도 함께 잃어버리게 됩니다.

하나님의 형상, 다시 닮아갑시다
하나님은 여전히 우리를 사랑하시며, 우리가 그 형상을 되찾기 원하십니다.
그분은 용서하시며, 우리의 허물을 기억조차 하지 않으십니다.
그러나 우리는 작은 잘못도 용서하지 못하고 상처와 원한을 품고 살아갑니다.

하나님을 닮은 삶은 그렇게 살아가는 것이 아닙니다.
우리의 말 한마디, 선택 하나에도 하나님의 성품이 담기게 하소서.

아버지 하나님,
당신의 형상대로 지으심을 기억하게 하소서.
날마다 주의 인자하심을 닮아가게 하소서.
진실과 사랑, 선함과 아름다움을
우리 삶 속에서 드러내게 하소서.

험한 세상 속에서도
하나님의 형상을 지켜내게 하시고,
주님의 보호 아래 살게 하소서.

예수님의 이름으로 기도합니다. 아멘.

69
미스바의 부흥(1) (삼상7:3)

하나님의 법궤가 예루살렘에 있지 못하고

기럇여아림의 한 가정—아비나답의 집에 갇힌 지 20년.

이스라엘은 불신과 침략 속에서 예배의 중심을 잃고 방황했습니다.

이때 선지자 사무엘은 백성을 미스바 광야로 모읍니다.

그곳에서 다시 하나님께 나아가자고 외칩니다.

부흥의 주제는 단 하나, "여호와께로 돌아오라."

1. 우상을 제거하라

사무엘은 외칩니다.

"바알과 아스다롯을 너희 중에서 제거하고 오직 여호와만 섬기라."

이스라엘 백성은 곧바로 우상 제거 작업에 착수합니다.

그 우상은 두 종류였습니다.

유형적 우상

눈에 보이는 형상들—나무, 돌, 쇠, 흙 등 인간이 만들어 놓고 절하는 것들입니다.

"어찌 인격자가 비인격에게 절할 수 있단 말입니까?"

무형적 우상

탐심, 욕망, 자기중심성–눈에 보이지 않지만 마음을 지배하는 것들입니다.

"탐심은 우상 숭배니라." (골 3:5)

오늘날 세상은 이 무형적 우상으로 가득합니다.

"사람들은 자기를 사랑하며, 돈을 사랑하며,

쾌락을 하나님 사랑보다 더 사랑하리라." (딤후 3:1–)

우리는 이제

하나님보다 더 사랑하는 것들을 끊어야 합니다.

주님은 우상과는 함께하실 수 없습니다.

2. 기도하며 금식하라

이스라엘은 우상을 제거한 뒤, 금식하며 전심으로 기도했습니다.

기도 없는 부흥은 없습니다.

사무엘은 말씀을 전했고, 백성은 말씀을 붙잡고 기도했습니다.
회개와 간구의 물결이 미스바에 넘쳤습니다.

카알나일: "성도의 기도는 천국에 울리는 사이렌이다."
찰스 스펄전: "기도는 하늘의 황금 종이다."

엘리야도 무릎 사이에 머리를 넣고 기도할 때
3년 반 가뭄의 대지에
하늘 문이 열려 비가 내렸습니다.

그와 같이
우리의 회개와 기도가 하나님을 움직이는 열쇠입니다.

혹시 내 마음 속에 자리한 무형의 우상은 무엇인가요?
하나님보다 더 사랑하는 것, 더 의지하는 것은 없는가요?
나는 응답받기까지 포기하지 않고 기도하고 있는가요?

주님,
우리가 오늘도 미스바의 부흥을 꿈꾸며
우리 속의 우상들을 주님의 이름으로 제거하게 하소서.
예수님도 피와 땀과 눈물로 기도하셨듯이,
우리도 그렇게 기도하게 하소서.
다시 하나님께 돌아가
정결한 심령으로 부흥을 맞이하게 하소서.

예수님의 이름으로 기도합니다. 아멘.

70
미스바의 부흥(2) – 에벤에셀의 승리(삼상7:12)

미스바 성회는 단순한 종교 행사로 끝나지 않았습니다.

그날, 이스라엘 백성이 마음을 찢고 하나님께 돌아왔을 때,

하늘은 응답하셨고, 땅 위에는 세 가지 열매가 맺혔습니다.

1. 승리의 역사 (삼상 7:10-11)

성회가 진행되는 중, 갑작스럽게 블레셋이 침공해 왔습니다.

전쟁 준비는커녕, 무장조차 되어 있지 않았던 백성들은 두려움에 떨었습니다.

그러나 사무엘은 어린 양을 번제로 드리고 하나님 앞에 간절히 기도합니다.

그때, 하늘에서 큰 우레가 울려 퍼지고 블레셋 진영은 혼란에 빠져 패퇴합니다.

기도가 칼보다 강하고,

제사가 병기보다 능하며,

하나님의 손은 어떤 적보다도 강하십니다.

우리의 전쟁은 세상의 군대만이 아닙니다.

죄와 질병, 가난과 어둠의 권세도 우리의 싸움의 대상입니다.

그러므로 우리는 장난감 같은 신앙으로 싸울 수 없습니다.

에베소서 6장의 말씀처럼

하나님의 전신갑주로 완전무장해야 합니다.

진리의 허리띠, 의의 흉배, 복음의 신, 믿음의 방패, 구원의 투구,
성령의 검

성령의 능력으로 다시 무장하십시오.

그럴 때 우리는 어떤 영적 전쟁에서도 승리할 수 있습니다.

2. 회복의 역사 (삼상 7:14)

블레셋에 빼앗겼던 땅을 이스라엘은 되찾았습니다.

전쟁의 승리는 회복의 문을 열었습니다.

잃어버린 땅, 잃어버린 기회, 잃어버린 관계, 잃어버린 영성

하나님 앞에 진심으로 회개하고 나아갈 때

그 모든 것을 다시 찾게 하시는 하나님을 경험하게 됩니다.

회개는 무너진 인생의 복구 버튼입니다.

3. 평화의 역사 (삼상 7:14)

끊임없는 전쟁 속에 살던 이스라엘이
마침내 하나님의 평화를 누리게 되었습니다.

외적의 위협이 사라졌고,
내면의 공포가 사라졌습니다.

오늘 우리에게도 이 평화가 절실합니다.

마음의 평화
가정의 평화
공동체와 교회의 평화
이 민족의 평화
그리고 이 모든 은혜를 기념하기 위해
사무엘은 돌을 세우고 말합니다.
“에벤에셀(도움의 돌)”
“여호와께서 여기까지 우리를 도우셨다.”

내 인생에 아직 싸워야 할 전쟁은 무엇입니까?

잃어버린 것들을 하나님 앞에서 다시 회복하려 합니까?

나는 지금 하나님의 평화 안에 거하고 있습니까?

주님,
미스바의 회개와 부흥이 우리의 삶 속에서도 일어나게 하소서.
하나님의 도우심으로 싸워 이기고,
잃었던 것을 회복하며,
평화 가운데 살아가는 복된 성도 되게 하소서.

우리도 오늘 이 자리에서 고백합니다.
"여호와께서 여기까지 우리를 도우셨다."

예수님의 이름으로 기도합니다. 아멘.

부록: 빌립보서 강해

『바울 사도가
빌립보 교인들에게 보낸 편지』

- 정종국 (원로목사)

　　바울의 편지 중에는 옥중에서 기록한 서신들이 있습니다. 일반적으로 옥중서신이라 부르는데, 에베소서·빌립보서·골로새서·빌레몬서가 여기에 속합니다. 이 가운데 에베소서와 골로새서는 교리적인 공통점이 많지만, 빌립보서는 달리 실천적인 서신이라 할 수 있습니다. 복잡한 교리 설명보다는 실제적인 삶의 문제를 다루며 시작부터 끝까지 따뜻한 목회적 권면으로 채워져 있습니다.

　　빌립보는 마케도니아 동쪽에 위치한 로마의 식민 도시였습니다(행 16:12). 바울이 유럽 대륙에 처음 복음을 전한 곳이기도 합니다. 제2차 전도여행 중 드로아에서 환상 가운데 "마케도니아로 건너와 우리를 도우라"는 부름을 받고 성령의 인도를 따라 이곳에 들어오게 되었습니다(행16:9).

　　안식일에 기도할 곳을 찾아 강가에 나간 바울 일행은 두아디라 출신의 자주 장사 루디아와 신실한 여인들을 만나 복음을 전했고, 그들이 교회의 첫 열매가 되었습니다(행16:13-14). 그러나 곧 박해를 받아 옥에 갇히기도 했습니다. 하지만 그곳에서 놀라운 구원의 역사가 일어났습니다. 옥문이 열리고 간수와 그 가족이 주님을 믿게 된 것입니다(행16:25-34).

바울은 3차 전도여행 중에도 빌립보를 다시 찾았고, 어려움 속에 있는 예루살렘 성도들을 돕기 위한 헌금을 독려했습니다. 빌립보 성도들은 사랑으로 기꺼이 참여하며 가난한 교회를 도왔습니다(고후 8:1-5).

후에 바울은 예루살렘에서 체포되어 가이사랴 감옥에 2년 동안 갇혔다가 로마로 압송되었습니다(행24:27). 로마 옥중에 있던 바울이 궁핍할 것이라 생각한 빌립보 성도들은 음식, 옷, 헌금을 준비하여 젊은 일꾼 에바브로디도를 통해 보냈습니다. 그러나 에바브로디도가 병이 들어 다시 빌립보로 돌아가게 되었고, 바울은 그를 통해 편지를 전하게 됩니다(빌 2:25-30, 4:18).

이 편지는 빌립보 교회의 사랑과 헌신에 대한 감사의 편지라 할 수 있습니다. 옥중에서 기록되었음에도 불구하고, '기뻐하라'는 말씀이 무려 18번이나 등장합니다. 대표적인 구절은 바로 "주 안에서 항상 기뻐하라. 내가 다시 말하노니 기뻐하라"(4:4)입니다.

정리하면, 저자는 바울과 디모데, 수신자는 빌립보 교회 성도들이며, 기록 연대는 주후 63년경, 장소는 로마 옥중입니다. 주제는 바로 그리스도 안에서의 일치와 기쁨입니다.

빌립보서 1장

1. 서론 (1:1-11)

인사 (1:1-2)
빌립보 신자를 위한 기도 (1:3-11)

2. 주님의 영광만을 위하여 (1:12-30)

투옥이 오히려 복음 전파에 도움이 됨 (1:12-14)
두 부류의 전도자와 바울의 태도 (1:15-19)
복음적 삶의 동기와 생명의 의미 (1:20-26)
복음을 위해 협력하고 일치할 것 (1:27-30)

A. 인사 (1:1-2)

바울은 이 편지의 인사를 간단하게 시작합니다. 자신을 '사도'라 밝히지 않고, 오히려 "그리스도 예수의 종 바울과 디모데"라 소개합니다. 여기서 '종'이란 말은 '노예'라는 뜻을 가집니다. 노예는 주인에게 속한 존재로, 생명과 삶 전체가 주인의 소유였습니다.

예수님은 우리를 종이라 부르지 않고 친구라 하셨습니다(요 15:15). 그러나 그리스도인은 주님의 구속의 은혜를 감사하며 기꺼이 예수님의 종으로 자신을 드립니다. 자원하여 평생을 주님을 위해 살고 일하는 것입니다.

바울과 디모데는 바로 그런 종이었습니다. 그들은 그리스도의 은혜에 사로잡혀 일생을 주님께 드렸고, 교회를 섬기며 복음을 전하는 일에 전심전력했습니다. 바울이 빌립보 교회에 보낸 인사 속에는 이처럼 서로 끊을 수 없는 깊은 사랑과 친밀함이 담겨 있습니다.』

[빌립보 신자들에 대한 바울의 감사기도 (1:3-11)]

바울이 이 편지를 보낸 대상은 "예수 그리스도 안에서 빌립보에 사는 모든 성도들과 교회의 지도자들과 보조자들"(1:1b)입니다. 교회는 그리스도의 십자가 보혈로 값 주고 산 공동체입니다(행 20:28). 따라서 교회는 반드시 부활하신 그리스도의 능력 안에 존재합니다. 예수 그리스도 안에 있지 않으면, 교회도 성도도 될 수 없으며, 죄와 사망에서 구원받을 수 없습니다.

결국 핵심은 "예수 안에 있느냐, 예수 밖에 있느냐"의 문제입니다. 성경은 이를 여러 사건을 통해 증언합니다. 노아 홍수 때에도 방주 안에 있던 사람들만 살았습니다(창 8장). 출애굽 전날 밤에도 어린

양의 피를 문설주에 바르고 집 안에 있던 이스라엘 백성만 살았습니다(출 12장). 신약은 더 분명히 말합니다. "예수 안에 있는 자에게는 결코 정죄함이 없다"(롬 8:1). "예수 안에 있는 자"만 열매를 맺을 수 있고(요 15:4-7), "예수 안에 있는 자"만 주님의 기쁨이 충만합니다(요 15:11).

바울은 인사말에서 '그리스도 예수'라는 이름을 세 번이나 언급합니다. 발신자(바울과 디모데), 수신자(빌립보 교인), 그리고 성도들에게 임하는 축복의 근원이 모두 그리스도 예수 안에 있음을 밝히는 것입니다. 결국 모든 은혜와 평강은 하나님 아버지와 주 예수 그리스도께로부터 옵니다. 이 은혜와 평강이 우리 모두에게 차고 넘치기를 바랍니다. 아멘.

바울의 감사기도

바울의 편지는 대체로 감사로 시작됩니다. 특히 빌립보서의 감사는 온화하고 열정적입니다. 바울은 영적인 것뿐 아니라 물질적인 도움을 기억하며 깊이 감사했습니다.

"내가 너희를 생각할 때마다 나의 하나님께 감사하며"(1:3) — 바울은 마음속에 늘 빌립보 교인들을 품고 있었고, 그들을 기억할 때마다 감사가 흘러나왔습니다. 기도는 그의 기쁨이었습니다. 남을 위해 복을 비는 것을 즐거움으로 여겼습니다. 이는 주님의 사랑이 충만했기 때문입니다. 지금도 예수 그리스도께서 하나님 우편에서 우리를 위해 기도하고 계십니다(롬 8:34). 사탄은 우리를 고소하지만(욥 1:11, 2:5), 예수님은 우리 이름을 부르며 하나님 앞에서 변호하십니다(요일 2:1). 우리는 이 중보의 은혜로 하나님 앞에 의롭다 하심을 얻었습니다.

기도에는 감사가 반드시 동반되어야 합니다. 감사 없는 기도는 원망과 불평이 되기 쉽고, 기도 없는 감사는 진정한 감사가 될 수 없습니다. 바울은 빌립보 교인들을 생각할 때마다 하나님께 감사했고, 기도할 때마다 기쁨으로 간구했습니다(1:3-4). 이것이 빌립보서 전체의 핵심이라 할 수 있습니다.

물론 바울이 항상 기쁨으로 기도한 것은 아닙니다. 때로는 큰 근심 속에서 기도하기도 했습니다(롬 9:1-3). 그러나 빌립보 교회를 위해서만큼은 항상 기쁨으로 기도했습니다. 그러므로 주의 종이 기쁨으로 기도할 수 있는 교회와 성도는 참으로 큰 복을 받은 자들입니다(히 13:17).

복음의 교제
빌립보 교회는 바울과 함께 복음에 동참한 공동체였습니다.
말씀을 증거하는 일에 마음을 같이했고, 박해도 영광도 함께 나누었습니다. 그래서 바울은 그들을 "마음에 깊이 두고"(1:7), "예수 그리스도의 심장으로 사모하며"(1:8), 생각할 때마다 감사했고, 늘 기쁨으로 간구했습니다(1:3-4).

그들의 헌신은 실제적인 행동으로 나타났습니다.

"첫날부터 지금까지"(1:5), 곧 바울이 처음 빌립보에서 복음을 전하던 날부터 그들은 물질로 도왔습니다(행 16:15). 이후 데살로니가에서도, 고린도에서도 여러 차례 바울을 지원했습니다(빌 4:16).

지금은 로마 옥중에 있는 바울에게 에바브로디도를 보내어 헌금과 선물을 전달했습니다.

복음 전파에는 세 가지 방식의 동참이 있습니다. 바울처럼 직접 나가 복음을 전하는 것, 빌립보 교회처럼 물질로 돕는 것, 그리고 기도로 돕는 것입니다. 이 모두가 복음을 위한 귀한 교제입니다.

하나님의 역사

하나님은 바울을 통해 빌립보에 복음을 전하던 첫날부터 지금까지 계속 일하고 계셨습니다. 그 일은 주님이 다시 오시는 날까지 이어질 것입니다. 바울은 이렇게 확신합니다.

"너희 안에서 착한 일을 시작하신 이가 그리스도 예수의 날까지 이루실 줄을 우리는 확신하노라"(1:6).

그 날은 만물이 새롭게 되고, 성도의 구원이 완성되며, 영·혼·육이 온전히 회복되는 날입니다(살전 5:23). 우리는 그날과 그 시간을 알 수 없습니다. 그러므로 언제나 깨어, 슬기로운 다섯 처녀처럼(마 25:1-13) 등불을 밝히 들고 기쁨으로 주님을 기다려야 합니다.

C. 바울의 삶과 생존의 뜻 (빌립보서 1:20-26)

바울은 앞서 전도의 환영과 배척을 초월한 고백을 나누었습니다. 이제 그는 한 걸음 더 나아가 삶과 죽음마저 초월하여 그리스도만 존귀하게 되기를 바라는 고백을 드립니다.

"내가 무슨 일에나 부끄러움을 당하지 아니하고, 지금도 전과 같이 온전히 담대하여 살든지 죽든지 내 몸에서 그리스도가 존귀하게 되게 하려 하나니"(1:20).

바울에게는 그리스도가 곧 생명이었습니다. 그래서 "죽는 것도 유익"이라 고백합니다(1:21). 그는 마음 같아서는 차라리 세상을 떠나 주님 곁에 있는 것이 훨씬 더 복되다고 말합니다(1:23). 그러나 동시에, 빌립보 교인들의 유익을 위해서는 자신이 여전히 육신 안에 머무는 것이 필요하다고 고백합니다(1:22-24).

즉 바울의 관심은 자신의 안위가 아니라, 그리스도와 교회의 유익에 있었습니다. 그의 삶은 철저히 교회를 세우는 일, 성도의 믿음을 자라게 하는 일에 바쳐졌습니다.

바울의 사명 의식

바울은 첫 번째 옥살이에서 풀려난 후, 자신이 세운 빌립보 교회를 다시 방문하기를 원했습니다. 그 이유는 성도들의 믿음을 더욱 굳건하게 하고, 그들의 기쁨을 충만케 하려는 것이었습니다(1:25). 그는 성도들의 믿음이 단순히 머무는 것이 아니라 진보와 성장을 이루기를 확신했습니다.

예수님께서도 겨자씨 비유로 믿음의 성장을 말씀하셨습니다.
"겨자씨는 씨앗 중에 가장 작지만, 자라면 큰 나무가 되어 새들이 깃들인다"(마 13:31-32).

믿음은 살아 있고, 자라는 것입니다. 빌립보 교인들은 이미 칭찬받을 만한 신앙을 가졌습니다. 바울 역시 늘 "예수의 십자가 외에는 자랑할 것이 없다"(갈 6:14)고 했는데, 옥중에서도 오히려 더 큰 은혜를 누렸습니다. 그의 기도와 신앙은 옥중에서 더욱 깊어지고 풍성해졌습니다.

교회와 성도의 열매

바울의 신앙과 헌신은 빌립보 교인들에게 큰 감동을 주었습니다. 그 결과 그들도 칭찬받을 만하고, 자랑할 만한 신자들이 되어 결국 그리스도께 영광을 돌리게 될 것입니다(1:26).

사도행전은 초대교회 성도들이 백성들에게 칭송을 받았고, 그 결과 구원받는 사람이 날마다 더해졌다고 증언합니다(행 2:47).

우리도 마찬가지입니다. 어디에서 주를 섬기든지, 칭찬받고 자랑할 만한 성도가 되어야 합니다. 그렇게 할 때 주님께 영광을 돌리며, 우리의 삶을 통해 날마다 더 많은 영혼이 구원받는 역사가 일어날 것입니다.

D. 복음을 위해 일치 협력하라 (빌립보서 1:27-30)

바울은 빌립보 성도들에게 권면합니다.
"그리스도의 복음에 합당하게 생활하라"(1:27).

복음에 합당한 삶이란 영원히 존재할 가치가 있는 삶입니다. 하나님을 기쁘시게 하고, 사람들에게 덕을 끼치는 삶이야말로 진실로 아름다운 신자의 모습입니다. 공동번역은 "그리스도의 복음을 받은 사람답게 생활하십시오"(27)라고 번역했습니다.

성도는 이제 외인이나 손님이 아니라, 하나님의 가족이요 천국 시민입니다(엡 2:19, 빌 3:20). 그러므로 어디서든, 사람이 보든지 아니 보든지, 하나님 앞에서 신실하게 살아야 합니다. 예수님께서도 사람 앞에서 보이려고 선을 행하지 말고, 은밀히 행하며, 하늘 아버지께 상을 받으라고 하셨습니다(마 6:1-4).

하나됨과 담대함

바울은 빌립보 교인들이 한 마음과 한 뜻으로 굳게 서서 믿음을 위하여 협력하고, 어떤 반대에도 겁내지 않기를 원했습니다(27-28).

신앙생활은 선한 싸움입니다. 교회는 분열이 아니라 일치로, 흔들림 없이 제 자리를 지켜야 합니다. 세상 환난과 핍박이 있더라도 두려워하거나 놀라 물러서는 것은 참된 신앙이 아닙니다.

진실한 신자는 사람을 두려워하지 않습니다. 그리스도를 구주로 믿기에 담대히 증거합니다. 사람을 두려워하면 비겁해져서 바른 말을 하지 못하고, 신앙도 증거하지 못하게 됩니다. 바울은 빌립보 교인들이 혹시 대적을 두려워하여 믿음을 버릴까 염려하며, 그들을 굳게 세우기 위해 이 권면을 전했습니다.

고난과 특권

바울은 기독교를 반대하는 자들의 행동이 결국 멸망의 증거가 되고, 믿는 자들에게는 구원의 표가 된다고 말합니다(28). 구원은 하나님이 주시는 은혜의 선물이기 때문입니다.

스데반은 돌에 맞아 죽으면서도 "보라, 하늘이 열리고 인자가 하나님 우편에 서신 것을 보노라”(행 7:56)고 외쳤습니다. 주님은 “죽도록 충성하라, 그리하면 내가 생명의 면류관을 네게 주리라”(계 2:10) 약속하셨습니다.

바울은 고난마저도 은혜의 선물로 여겼습니다. 그리스도를 믿는 특권, 그분을 위해 고난받는 특권, 그를 섬기는 특권이 모두 하나님께로부터 온 것이라 고백합니다(29). 그러므로 성도는 박해를 두려워하지 않고, 복음을 위해 일치하며 협력하며 전진해야 합니다.

바울과 빌립보 성도의 같은 고난

바울은 자신이 겪는 고난이 빌립보 교인들이 겪는 고난과 같음을 말합니다.

그들은 바울이 빌립보에서 당한 일을 직접 보았습니다. 바울이 광장에서 끌려가 치안관 앞에서 모욕을 당하고, 매질을 당한 뒤 착고에 채워 감옥에 갇혔던 일을 기억하고 있었습니다(행 16:18-24). 지금도 로마 옥중에서 쇠사슬에 매여 고난받는 소식을 알고 있었습니다(빌 1:12, 행 28:20).

신앙의 경주

바울은 이렇게 고백했습니다.

“나의 달려갈 길과 주 예수께 받은 사명 곧 하나님의 은혜의 복음을 증거하는 일을 마치려 함에는 내 생명을 조금도 귀한 것으로 여기지 아니하노라”(행 20:24).

그는 목숨까지 내어놓고 복음을 전했습니다. 그리고 인생 마지막에는 “내가 선한 싸움을 다 싸우고, 달려갈 길을 마치고, 믿음을 지켰으니 이제는 의의 면류관이 예비되었느니라”(딤후 4:7-8)고 승리의 개가를 불렀습니다.

우리도 그리스도의 발자취를 따라가야 합니다. 많은 고난을 통과하여야 하나님 나라에 들어갑니다(벧전 2:21, 행 14:22).

그러므로 사랑하는 우리 이야기 가족 여러분, 우리의 몸과 영혼은 이미 주님께 드려진 것임을 기억합시다. 주께서 우리를 위하여 생명을 버리신 것을 기억하며, “인내로써 우리 앞에 당한 경주를 달리며”(히 12:1), 바울처럼 사명을 완수한 뒤 승리의 개가를 부르고, 다시 오시는 주님을 기쁨으로 맞이하는 성도가 됩시다.

빌립보서 2장

사도 바울은 자기 자신의 깊은 신앙을 간증하며, 그 힘과 권위를 가지고 아직 신앙적으로 어린 빌립보 교인들을 교훈하며 권면합니다.

I. 그리스도인의 생활

A. 하나가 되기 위해 겸손하라 (1-4)

B. 겸손의 모범이신 그리스도를 본받으라 (5-11)

C. 구원의 성취에 힘쓰라 (12-18)

D. 모범적 그리스도인 디모데와 에바브로디도 (19-30)

A. 하나가 되기 위해 겸손하라 (1-4)

교회는 반드시 하나가 되어야 합니다. 빌립보 교회의 아쉬움은 바로 하나 되지 못한 데에 있었습니다. 그러나 그것은 빌립보 교회만의 고민이 아니며, 역대 교회가 겪어온 시험이기도 합니다. 그러므로 사도 바울은 "같은 생각과 같은 사랑으로 마음을 합하여 하나가 되기를"(2절) 간절히 소원했습니다.

우리 주님께서도 대제사장적 기도에서 "아버지와 내가 하나인 것처럼 이 사람들도 하나 되게 하옵소서"(요 17:11, 21-23)라고 간구하셨습니다. 바울도 또한 "평안의 매는 줄로 성령이 하나 되게 하신 것을 힘써 지키라"(엡 4:3)고 권했고, 로마서에서도 "한 마음이 되어 다 같이 한 목소리로 하나님을 찬미하라"(롬 15:5-6)고 말합니다.

빌립보 교회는 물질로 사도 바울을 많이 도왔으며 신앙적으로도 큰 부흥을 이루어 바울을 크게 기쁘게 하였습니다. 그러나 교회의 부흥은 결국 교인 한 사람 한 사람의 신앙 부흥에서 비롯됩니다. 그러므로 교인 수가 적음을 탓하기보다는 먼저 자신이 살아 있는 신앙인이 되기를 힘써야 합니다.

사데 교회는 "살았다 하는 이름은 가졌으나 실상은 죽은 교회"였지만, 그 안에도 흰 옷을 더럽히지 않은 몇몇 성도가 있었고(계 3:4), 그들로 인해 교회가 존속되었습니다. 빌라델비아 교회에 대해서도 주님께서는 "네가 적은 능력을 가지고도 내 말을 지켰다"(계 3:8)고 칭찬하셨습니다.

사도 바울이 빌립보 교회를 향해 바라고 요구한 것은 바로 "주 안에서 하나 되는 것"이었습니다. 그러나 하나 됨을 방해하는 길이 있으니, 그것이 다툼과 허영입니다. 바울은 겸손을 강조하며 "겸손한 마음으로 각각 자기보다 남을 낮게 여기라"(3절)고 말씀합니다.

사도 바울은 예수님을 만난 후 더욱 겸손해집니다.

고린도전서(주후 55년경)에서 "나는 사도 중에 지극히 작은 자라"(고전 15:9) 고백했고,

7년 뒤 에베소서(주후 62년)에서는 "성도들 중에 지극히 작은 자보다 더 작은 자라"(엡 3:8) 했으며,

1년 뒤 디모데전서(주후 63년)에서는 "죄인 중에 내가 괴수라"(딤전 1:15) 고백합니다.

세월이 흐를수록 겸손이 깊어졌음을 볼 수 있습니다. 성 어거스틴도 "기독교는 첫째도 겸손이요, 둘째도 겸손이요, 셋째도 겸손이다"라고 말했으며, 사도 베드로 또한 "하나님은 교만한 자를 대적하시되 겸손한 자에게 은혜를 주신다"(벧전 5:5)고 하였습니다.

겸손은 그리스도인의 특징입니다. 남을 나보다 낮게 여기며, 자기 일만 돌보지 않고 남의 일도 돌아보는 삶을 살아야 합니다(빌 2:4). 사도 바울은 "기뻐하는 자와 함께 기뻐하고, 우는 자와 함께 울라"(롬 12:15)고 합니다. 모든 성도는 그리스도의 지체이므로 서로 사랑하고 아끼며 도와야 합니다.

사도 바울이 빌립보 교회에 간절히 바란 것은 주 안에서 하나 되는 것이었습니다. 이것이 곧 바울의 큰 기쁨이었으며, 또한 주님의 뜻입니다. 우리 이야기 가족들께서 섬기시는 교회들마다 주 안에서 하나 됨을 이루어, 서로 사랑하며 겸손히 섬기는 복된 교회가 되시기를 간절히 기원합니다.

B. 겸손의 모범이신 그리스도를 본받으라 (5-11)

사도 바울은 성도들이 서로 하나가 되기 위해 반드시 겸손해야 함을 말씀하며, 그 모범으로 우리 주 예수 그리스도를 제시했습니다. "너희 안에 이 마음을 품으라 곧 그리스도 예수의 마음이니"(5).

그리스도께서는 본래 하나님의 본체이시지만, 하나님과 동등됨을 취하지 아니하시고 오히려 자기를 비워 종의 형체를 가지사 사람들과 같이 되셨습니다. 사람의 모양으로 나타나셔서 자기를 낮추시고 죽기까지 복종하셨으니 곧 십자가에 죽기까지 하셨습니다(6-8).

그러므로 하나님께서는 그를 지극히 높이시고 모든 이름 위에 뛰어난 이름을 주사, 하늘에 있는 자들과 땅에 있는 자들과 땅 아래에 있는 자들로 모든 무릎을 예수의 이름 앞에 꿇게 하시고, 모든 입으로 예수 그리스도를 주라 시인하여 하나님 아버지께 영광을 돌리게 하셨습니다(9-11).

성도 여러분, 그리스도인의 참된 겸손은 곧 그리스도의 마음을 본
받는 데 있습니다.

C. 구원 성취에 힘쓰라 (빌립보서 2:12-18)

사도 바울은 지금까지 교회가 하나 되기를 권면했으나, 여기에서
는 성도 각자가 자기 구원의 완성을 위해 힘쓸 것을 말합니다. 다른
사람의 일에 지나치게 간섭할 때 원망과 분열이 생기기 쉽습니다.
그러나 각자가 자기 구원 문제 앞에 서서 경건한 두려움 속에 살아
갈 때, 교회는 고요해지고 하나 된 아름다움을 이루게 될 것입니다.

"나의 사랑하는 자들아"(12a)라고 부르시며, 그리스도께서 절대
복종하신 것처럼 성도들도 피차간에 서로 복종하며 살아야 한다고
권면합니다. 「사랑하는 자들아」를 현대어 성경에는 「사랑하는 형제
들이여!」라고 번역하였는데, 여기에는 바울의 따뜻한 애정이 담겨
있습니다. 4장 1절에도 "나의 사랑하고 사모하는 형제들아!"라는 표
현이 다시 등장하여 그의 다정한 마음을 느낄 수 있습니다. 교회는
그리스도의 피로 값 주고 사신 공동체이며, 교인은 그 은혜로 구원
받은 자들입니다.

바울은 그리스도의 사랑으로 교회와 교인들을 사랑하셨습니다.
가는 곳마다 교회를 세웠고, 기도와 염려와 수고로 교회를 양육했습

니다. "나는 그리스도의 몸 된 교회를 위하여 그리스도의 남은 고난을 내 몸에 채우고 있습니다"(골 1:24)라고 고백합니다. 사랑은 수고와 괴로움을 초월합니다. 빌립보 교인들은 그리스도를 본받아 살아갔습니다. 바울이 함께 있을 때는 그의 지도와 도움을 받으며 신앙을 지켜 나갈 수 있었으나, 지금은 옥중에 있음으로 자립하여 신앙을 지속하고 그리스도를 본받아야 했습니다.

자립 신앙에는 노력이 필요합니다. 그러므로 바울은 "지금 나 없을 때에도 항상 복종하여 두렵고 떨림으로 너희 구원을 이루라"(12c)라고 말합니다. 여호와를 경외하는 것이 지혜의 근본이며(잠 1:7), 하나님을 두려워하는 자만이 지혜와 지식의 보화이신 예수 그리스도를 소유할 수 있습니다(골 2:3).

예수님께서는 "하나님을 두려워하라, 내가 참으로 너희에게 이르노니 그를 두려워하라"(눅 12:5)고 권하셨습니다. 세상의 사람이나 그 어떤 것을 두려워하는 것은 지옥의 형벌로 이어집니다(계 20:12-14). 하나님께서는 우리의 크고 작은 모든 죄를 아십니다. 예수 그리스도께서는 우리의 죄를 없애시기 위하여 십자가 위에서 피 흘려 죽으셨습니다. 이 은혜를 거절하고 받아들이지 않는다면 하나님의 심판과 형벌을 피할 수 없습니다. 그러므로 "항상 복종하여 두렵고 떨림으로 너희 구원을 이루라" 하신 것입니다.

구원은 하나님께서 이루시지만, 구원받는 책임은 각 사람에게 있습니다. 바울은 "너희 안에 행하시는 이는 하나님이시니, 자기의 기쁘신 뜻을 위하여 너희에게 소원을 두고 행하게 하신다"(13)고 하셨습니다. 또한 구원은 "복음을 믿는 자에게 값없이 주시는 하나님의 선물"(엡 2:8)입니다. 하나님께서는 우리 안에 계시며, 순종할 마음을 일으켜 주시고 주님의 뜻을 행하도록 도우십니다.

성도는 선을 행하다 고난을 당하더라도 주님을 원망해서는 안 됩니다(14). 옛날 이스라엘 백성은 광야에서 원망하다가 멸망을 당했습니다(민 14:26-35). 모세와 아론을 원망하다가 하나님의 진노로 하루에 14,700명이 죽기도 했습니다(민 16:41-50). 고라의 무리는 하나님께 거슬러 시비하다가 땅이 갈라져 그들과 가족과 재산까지 삼켜 버렸습니다(민 16:1-35). 그러므로 성도에게 원망과 시비는 금물입니다.

빌립보 교회 성도들뿐 아니라 오늘의 교회도 흠 있는 민족처럼 되어서는 안 됩니다. 하나님은 흠 없는 것을 원하십니다(말 1:8). 그리스도인은 믿음으로 의롭다 하심을 얻었으므로, 주님 재림의 날 흠 없이 그 앞에 서도록 힘써야 합니다. "어그러지고 거스르는 세대 가운데"(15) 별처럼 빛나라고 하신 것은, 세상에서 착한 행실로 덕을 끼치며 살아가라는 뜻입니다(마 5:16). 다니엘은 "많은 사람을 옳은 데로 돌아오게 한 자는 별과 같이 영원토록 빛나리라"(단 12:3)고

가르쳤습니다. 곧 전도하여 많은 사람을 예수께 돌아오게 하는 것이 가장 큰 덕이며 착한 행실입니다.

사랑하는 성도 여러분! 우리도 이 일에 힘써야 합니다. 예수의 빛은 생명의 빛이므로 죄로 죽어가는 영혼을 살립니다(말 4:2). 생명의 말씀은 곧 예수 그리스도 자신이십니다(요 1:4). 교회는 이 말씀을 전하는 사명을 가지고 있습니다. 그러므로 복음을 전하지 않아 구원받을 사람이 구원받지 못한다면, 그 책임은 복음을 전하지 않은 자에게 있습니다(렘 3:16-26). 바울은 "내가 복음을 전하지 아니하면 내게 화가 있을 것이라"(고전 9:16)고 고백했습니다.

바울은 자신의 신앙생활을 경주에 비유하며 "나의 달음질도 헛되지 아니하고"(16b)라고 말합니다. 경주자는 목표를 바라보고 달리듯, 그리스도인은 십자가와 부활을 목표로 신앙을 지켜야 합니다. 끝까지 견디는 자가 구원을 얻을 것입니다(마 24:13).

바울은 자신이 제물로 드려질 수도 있음을 생각하며, 빌립보 교인들의 믿음의 제사와 더불어 자신은 순교의 제사를 드릴 각오가 되어 있다 말합니다(17). 산 제사(롬 12:1)와 죽음의 제사(딤후 4:6-7)가 합하여 하나님께 온전한 제사가 될 것입니다. 바울은 순교를 각오하면서도 기뻐했고, 성도들에게도 기쁨을 권했습니다(17-18).

사랑하는 성도 여러분, 우리도 이 말씀을 받아 믿음 안에서 기뻐하며, 기쁨으로 봉사하며, 복음을 전하는 사명에 충실하길 바랍니다. 주님 안에서 항상 기뻐하고 즐거워하시기를 바랍니다(마 5:12).

D. 모범적 그리스도인 디모데와 에바브로디도 (빌립보서 2:19-30)

사도 바울은 "주님께서 허락하신다면 디모데를 가까운 시일 안에 빌립보 교회로 보내려 한다"(19)고 합니다. 디모데는 바울이 루스드라에서 만난 제자로, 어머니는 믿음의 유대 여인이었고 아버지는 헬라인이었습니다(행 16:1-3). 오늘날로 말하면 이중 문화 가정에서 태어난 인물이었습니다. 그는 바울과 동행하며 전도 여행을 했고, 여러 교회에서 칭찬을 받았으며, 바울과 함께 주의 일에 헌신한 자였습니다(고전 16:10).

바울은 디모데를 빌립보 교회에 보내려 한 목적을 길게 설명하지 않았습니다. 다만 그의 안부를 전하고, 빌립보 교회의 소식을 듣고 위로받으려는 것이었습니다(19). 이것은 그리스도 안에서 서로가 서로를 위로하고 힘을 얻는 성도 간의 교제(상통, 相通)였습니다. 사도 바울이 로마서에서 "너와 내가 믿음을 인하여 피차 안위를 받으리라"(롬 1:12) 했듯이, 신앙 안에서 서로 위로하고 힘을 얻는 것이 교회의 아름다운 모습입니다.

디모데는 바울과 뜻을 같이한 자로, 참된 믿음을 가진 아들이라 불렸습니다(딤전 1:2). 그는 거짓 없는 믿음을 소유하였고(딤후 1:5), 바울의 신앙을 그대로 따랐습니다(고전 4:17). 바울이 로마 옥중에 있을 때 많은 동역자들이 떠났으나, 디모데만은 끝까지 함께하며 충성하였습니다. 이는 바울에게 큰 위로와 기쁨이 되었습니다.

교회 역사 속에서도 배신과 불충은 큰 아픔을 남겼습니다. 주님의 열두 제자 중 가룟 유다가 배신하였고, 바울의 동역자 데마도 세상을 사랑하여 떠났습니다(딤후 4:10). 그러나 충성된 자들을 통해 교회는 세워지고 복음은 확장되었습니다. 디모데는 바울의 믿음의 아들이요, 전도의 후계자였습니다.

사랑하는 성도 여러분, 신앙은 교파나 교단의 이름보다 예수 그리스도를 믿는 것이 본질입니다. 존 웨슬리 목사님의 회심 주일에 전해지는 일화처럼, 천국에 들어가는 기준은 감리교인, 장로교인, 혹은 천주교인이 아니라, 참으로 예수 그리스도를 믿는 사람입니다. 그러므로 우리는 교파를 초월하여 복음 전파에 힘쓰며 협력해야 합니다.

에바브로디도 또한 귀한 동역자였습니다. 그는 빌립보 교회가 바울에게 보낸 사자로, 위로의 헌금을 가지고 와 바울을 도왔습니다(4:18). 그러나 단순히 헌금을 전달하는 역할에 그치지 않고, 옥중의 사역자인 바울 곁에서 신실하게 섬기며 동역하였습니다. 바울은 그를 "형제요, 동역자요, 전우요, 여러분의 사자"(25)라 하며 크게 칭찬합니다.

에바브로디도는 병들어 죽을 뻔했으나 하나님의 긍휼로 회복되었습니다(27). 그는 자신의 병으로 교인들이 근심할 것을 염려하며 마음 아파할 정도로 교회를 사랑하는 자였습니다. 결국 그는 다시 빌립보 교회로 돌아가게 되었고, 바울은 교회가 그를 주 안에서 기쁨으로 영접하고 존경할 것을 권면했습니다(29). 그를 맞이하는 것은 곧 주님의 일꾼을 맞이하는 것이며, 주님의 일을 귀히 여기는 참된 신앙의 모습입니다.

사도 바울은 디모데와 에바브로디도를 통하여 신실한 그리스도인의 모범을 보여 줍니다. 그들은 복음을 위하여 수고하고, 군사로서 함께 싸우며, 교회를 사랑하여 목숨을 아끼지 않은 충성된 일꾼들이었습니다(30).

사랑하는 성도 여러분, 우리 교회와 우리 가족들도 이 두 신실한 일꾼처럼 주님의 일을 위하여 충성하고, 어디서든 존경받으며 환영받는 믿음의 사람이 되시기를 축복합니다

빌립보서 제3장

이 단락에서는 사도 바울이 이단에 대한 경고와 육적 특권을 버리고 최상의 보배이신 그리스도를 향해 전진하는 모습을 보여줍니다.

개요

A. 주 안에서 기뻐하라 (1절)

B. 할례를 주장하는 거짓 선생을 경계하라 (2-3절)

C. 육체를 신뢰하지 않는 바울의 태도 (4-11절)

D. 목표를 정하고 끊임없이 좇아가는 바울의 태도와 권면 (12-16절)

E. 바울의 모범과 십자가의 적대자 (17-19절)

F. 그리스도인의 국적과 주의 재림의 영화 (20-21절)

A. 주 안에서 기뻐하라 (1절)

"사랑하는 형제들이여, 어떤 일이 일어나든지 주 안에서 기뻐하라."

바울 사도는 빌립보 교회의 약점을 잘 알고 있었지만, 책망이나 날카로운 언사 대신 따뜻한 애정 어린 권면으로 말합니다. 감옥에 있던 중에도 기뻐할 수 있었기에, 성도들에게도 "주 안에서 기뻐하라" 권면한 것입니다.

주님 안에 있는 성도는 환난과 역경 속에서도 기뻐할 수 있습니다 (요 16:33, 롬 5:3). 이는 주 안에서 승리의 생활을 할 수 있기 때문입니다. 그러므로 성도는 어떠한 상황 속에서도 낙망치 않고 소망을 품고 낙관적인 태도를 가질 수 있습니다.

오늘날 우리에게도 찬양과 기쁨이야말로 신앙생활의 중요한 요소입니다. 찬양은 믿음의 열매이며, 하나님께 드리는 귀한 제사입니다. 그러므로 성도 여러분, 주 안에서 많이 찬양하며 기쁘고 즐겁게 살아가시기를 바랍니다.

B. 할례를 주장하는 거짓 선생을 경계하라 (2-3절)

바울은 율법주의 생애에서 벗어나 그리스도 중심 신앙으로 개종한 자신의 경험을 바탕으로, 거짓 교사들을 경계하라 말합니다.

"삼가고, 삼가고, 삼가라" 하신 말씀에서 그 강조가 분명히 드러납니다.

거짓 교사들에 대하여 세 가지로 규정합니다.

- 개들(dogs) – 거룩함을 알지 못하고 더러운 것을 일삼는 자들.
- 행악하는 자들 – 복음의 이름으로 악을 일삼고 분쟁을 일으키는 자들.
- 손 할례당 – 육체만 자랑하고 마음의 참된 할례는 알지 못하는 자들.

참된 할례는 육체가 아니라 마음의 할례이며, 성령으로 하나님께 예배하고, 그리스도 예수만을 자랑하며, 세속적 것에 의지하지 않는 것입니다(3절).

C. 육체를 신뢰하지 아니하는 바울의 태도 (4-11절)

바울은 자기 자신도 육체를 신뢰할 만한 자격이 많았다 말합니다.

8일 만에 받은 정통적 할례,
이스라엘 족속, 베냐민 지파,
히브리인 중의 히브리인,
율법으로는 바리새인,
열심으로는 교회를 핍박한 자,
율법의 의로는 흠이 없는 자.

그러나 바울은 이 모든 것을 배설물처럼 버렸다 합니다. 왜냐하면, 오직 그리스도를 아는 지식이 가장 고상하기 때문입니다.

그리스도를 아는 순간, 바울의 가치관, 인생관, 종교관이 변하였습니다.

유익하던 것을 손해로 여기게 되었고,

이 세상만이 아니라 내세를 바라보게 되었으며,

자기중심의 율법주의를 버리고 오직 예수만 의지하게 되었습니다.

"내가 바라는 것은 그리스도를 알고, 그 부활의 능력을 체험하며, 그 고난에 동참하여 마침내 죽은 자 가운데서 다시 살아나는 것이다"(11).

정리

사도 바울은 빌립보 교인들에게

주 안에서 기뻐하라,

거짓 선생들을 경계하라,

육체적 특권을 자랑하지 말고 오직 그리스도를 보배로 삼으라,

강력히 권면합니다.

사랑하는 성도 여러분,

우리도 그리스도를 아는 지식을 최고의 보배로 여기며, 세상의 모든 것을 배설물로 버릴 수 있기를 바랍니다. 오직 그리스도의 부활

의 능력과 고난에 동참하며, 최후의 부활에 이르는 복된 믿음을 소
유하시기를 간절히 소망합니다.

D. 목표를 정하고 끊임없이 좇아가는 바울의 태도와 권면 (12-16절)

사도 바울은 자신이 이미 온전히 이른 자가 아니라고 고백합니다.
그러나 그리스도 예수께 잡힌 그것을 잡으려고 힘써 달려갔다 고백
합니다.

"형제들이여, 나는 아직 잡은 줄로 여기지 아니하고, 오직 한 일―
뒤에 있는 것은 잊어버리고 앞에 있는 것을 잡으려고, 표 떼를 향하
여 그리스도 예수 안에서 하나님께서 위에서 부르신 부름의 상을 위
하여 달려가노라."

바울의 신앙생활은 과거의 업적에 안주하는 삶이 아니라, 항상 목
표를 향해 전진하는 삶이었습니다.

성도들도 이와 같이 한 마음을 품어야 하며(15절), 만일 다른 생
각이 있을지라도 하나님께서 반드시 올바른 길로 인도하여 주실 것
을 믿어야 합니다. 중요한 것은 이미 이룬 그 자리까지 나아간 이상,
거기서 물러서지 말고 한 걸음 더 전진하는 것입니다(16절).

"형제들이여, 여러분은 함께 나를 본받으십시오. 그리고 우리를 본받아 살아가는 이들을 눈여겨 보십시오."

바울은 자신의 삶을 본받으라 말하며, 동시에 경고했습니다. "내가 여러 번 여러분께 말했거니와, 이제도 눈물을 흘리며 말하노니, 많은 사람들이 그리스도의 십자가의 원수로 살아가고 있습니다."

그들의 마지막은 멸망이요, 그들의 신은 배요, 그들의 영광은 그들의 부끄러움에 있으며, 땅의 일을 생각하는 자들입니다(19절).

오늘날에도 교회 안에는 십자가를 말은 하지만, 실상은 십자가를 거부하는 이들이 있습니다. 십자가 없는 영광, 희생 없는 신앙을 추구하는 자들은 결국 멸망의 길을 걷게 됩니다.

F. 그리스도인의 국적과 주의 재림의 영화 (20-21절)

"그러나 우리의 시민권은 하늘에 있습니다. 거기로부터 구원자 곧 주 예수 그리스도를 기다립니다."

바울 사도는 성도의 참된 국적이 로마나 이 땅에 있는 것이 아니라, 하늘나라에 있음을 강조합니다.

우리 주님께서는 다시 오실 때, 우리의 낮고 비천한 몸을 그분의 영광스러운 몸과 같이 변모시켜 주실 것입니다. 이는 그분께서 만물을 자기에게 복종케 하시는 능력으로 이루실 것입니다(21절).

성도의 최종 소망은 이 땅에서의 영광이 아니라, 주의 재림 때 주어질 부활의 영화입니다.

결론
사랑하는 성도 여러분,
우리는 이 땅의 것에 마음 두지 말고,
바울 사도처럼 표 떼를 향해 달려가야 하며,
십자가의 도를 부끄러워하지 말고,
하늘 시민권을 가진 자로서 주의 재림을 소망하며 살아가야 하겠습니다.

그리하여 주님 다시 오실 때, 우리도 영광의 몸으로 변화되어 영원한 하나님 나라의 기업을 누리게 되기를 간절히 기원합니다.

빌립보서 제4장

1. 주 안에서 굳게 서라 (1절)

"그러므로 나의 사랑하고 사모하는 형제자매 여러분, 나의 기쁨이요 면류관인 사랑하는 여러분이여, 이와 같이 주 안에서 굳게 서십시오."

바울 사도는 빌립보 교인들을 향한 뜨거운 애정을 표현하였습니다. 그는 그들을 자신의 기쁨이라 불렀고, 또한 자신의 면류관이라 칭했습니다. 이는 마치 경주장에서 승리한 자에게 주어지는 월계관과 같은 의미로, 바울의 사역의 열매요 하나님의 영광을 드러내는 증거였습니다.

성도들이 굳게 설 수 있는 터전은 오직 주 예수 그리스도 안에 있습니다. 환난과 시련 속에서도 주 안에 거할 때 흔들리지 않고 굳게 서게 됩니다. "그리스도께서 우리를 자유롭게 하셨으니, 다시는 종의 멍에를 메지 말라"(갈 5:1)는 말씀처럼, 오직 주님 안에서 자유와 확신을 누릴 수 있습니다.

2. 주 안에서 한 마음을 품으라 (2-3절)

바울 사도는 빌립보 교회의 두 여인, 유오디아와 순두게에게 간절히 권합니다. "주 안에서 같은 마음을 품으라."

교회 안에서 분쟁과 불화가 일어나면, 그 작은 불씨가 교회를 어렵게 합니다. 그러므로 성도는 주 안에서 한 마음과 한 뜻을 가져야 합니다.

또한 바울은 자신의 동역자들에게 부탁하기를, 이 여인들을 도와 달라고 합니다. 그들은 복음을 위하여 함께 수고한 자들이며, 그 이름이 생명책에 기록된 자들입니다.

오늘날에도 교회 안에 있는 분쟁은 대개 몇 사람 사이에서 비롯되지만, 그것이 해결되지 않으면 온 교회가 어려움을 겪게 됩니다. 그러므로 성도는 서로 돕고 화합하여 주 안에서 한 마음이 되어야 합니다.

3. 항상 기뻐하라, 관용하라, 기도하라 (4-7절)

"주 안에서 항상 기뻐하십시오. 내가 다시 말하노니, 기뻐하십시오."

환난과 시련 속에서도 기쁨을 잃지 않는 것이 성도의 삶입니다. 또한 "여러분의 관용을 모든 사람에게 알리십시오. 주께서 가까우십니다."

성도의 태도는 온유와 관용이어야 하며, 이는 사람들에게 감동을 줍니다.

"아무것도 염려하지 말고, 다만 모든 일에 기도와 간구로, 여러분이 구할 것을 감사함으로 하나님께 아뢰십시오. 그리하면 모든 지각에 뛰어난 하나님의 평강이 그리스도 예수 안에서 여러분의 마음과 생각을 지키실 것입니다."

기도는 염려를 바꾸어 평강으로 이끄는 열쇠입니다.

4. 선한 것을 생각하고 행하라 (8-9절)

"무엇이든지 참되며, 무엇이든지 경건하며, 무엇이든지 옳으며, 무엇이든지 정결하며, 무엇이든지 사랑받을 만하며, 무엇이든지 칭찬받을 만한 일이 있거든, 이것들을 생각하십시오."

성도의 마음은 늘 선한 것으로 채워져야 합니다. 생각은 곧 행위로 이어집니다. 바울은 "내게서 배우고, 받고, 듣고, 본 그것을 행하

라. 그리하면 평강의 하나님께서 너희와 함께 계시리라"고 말씀하셨습니다.

5. 빌립보 교회의 선물에 대한 감사 (10-20절)

바울 사도는 빌립보 교회가 보내온 선교 헌금에 대해 깊이 감사했습니다. 그들의 마음이 다시 바울을 생각하여 돕게 된 것을 기뻐하며, "내가 궁핍함으로 말하는 것이 아니라, 나는 어떠한 형편에든지 자족하기를 배웠다"(11)고 고백합니다.

"나는 비천에 처할 줄도 알고, 풍부에 처할 줄도 알아. 모든 일에 배부르며 배고픔과 풍부와 궁핍에도 일체의 비결을 배웠습니다. 내게 능력 주시는 자 안에서 내가 모든 것을 할 수 있습니다"(12-13).

바울은 빌립보 교회의 물질적 후원에 감사했지만, 그것보다도 그들의 헌신과 사랑의 열매를 더 귀히 여겼습니다. "내 하나님께서 그리스도 예수 안에서 그 영광 가운데 그 풍성한 대로 여러분의 모든 쓸 것을 채워주실 것입니다"(19).

그리고 마침내 "하나님 곧 우리 아버지께 세세에 영광을 돌릴지어다 아멘"(20) 하고 송영을 올렸습니다.

"그리스도 예수 안에 있는 성도에게 각각 문안하십시오. 나와 함께 있는 형제들이 여러분에게 문안합니다. 모든 성도들이 여러분에게 문안하되, 특히 가이사의 집 사람들 중 몇이 문안합니다."

바울이 갇혀 있던 로마 감옥에서도 복음은 전파되어, 가이사의 집 사람들 중에도 믿는 자들이 생겨났습니다.

마지막으로 "주 예수 그리스도의 은혜가 여러분의 심령에 있을지어다"(23) 하며 축도로 편지를 마무리하였습니다.

결론

빌립보서 4장은 성도에게 주시는 종합적인 권면으로 요약할 수 있습니다.

주 안에서 굳게 서십시오.
주 안에서 한 마음을 품으십시오.
항상 기뻐하고 관용을 베풀며, 염려 대신 기도하십시오.
선한 것을 생각하고 실천하십시오.
모든 환경에서 자족하며, 주께서 채우심을 믿으십시오.
마지막까지 서로 문안하며 주의 은혜 안에서 거하십시오.

이와 같이 빌립보 교회를 향한 바울의 간절한 권면은 오늘 우리
교회를 향한 하나님의 음성이기도 합니다.

추모글 (가족)

아버지, 우리들의 희망

- 정정수 사모(큰 딸)

아버지를 만나는 날이면, 며칠 전부터 마음이 설렘으로 가득 찼습니다. 미국에서 오신 아버지를 뵙기 위해 기도하며 기다렸기에 그 기다림은 더욱 깊었습니다.

인천 평안제일교회에 도착하자, 아버지는 두 팔을 벌려 저를 꼭 안아주셨습니다. 예수님의 사랑을 평생 전하신 목사님이시기에, 그 품에는 하늘의 사랑이 가득했고, 제 가슴은 쿵쾅쿵쾅 뛰었습니다. 그 순간을 시인이었다면 아름다운 시로 남겼을 것입니다.

아버지는 평생 주님의 사랑을 전하며, 힘들고 고통당하는 모든 사람을 품으셨습니다. 기도에 힘쓰시고, 약한 자를 더 깊이 사랑하셨기에 그 사랑은 더욱 강하고 넓었습니다.

아버지와 함께 식탁에 앉아 식사 기도를 드리는 시간은 저에게는 말로 다 할 수 없는 은혜였습니다. 식사가 끝날 무렵, 아버지는 전도서 9장 7-9절 말씀을 곡조에 얹어 불러주셨습니다.

음식 먹을 때는 즐겁게 먹고
물을 마실 때는 기뻐 마셔라.
옷은 깨끗하게 입고
머리에는 항상 기름을 발라라.

웃으며 살자, 기뻐하며 살자 ― 하나님이 주신 선물이라.
감사하며 살자, 멋지게 살자 ― 하나님이 주신 선물이라.

그리고는 미소 지으며, "이건 내 말이 아니야. 하나님의 말씀이야." 하셨습니다. 그 순간, 제 마음속에는 '우리 아버지는 참 멋쟁이시다'라는 생각이 가득했습니다.

아버지, 정종국 목사님은 1985년 11월, 기독교대한감리회 군자교회에서 은퇴예배를 드리시며 목회를 마무리하셨습니다. 은퇴하신 지 20년이 지났지만, 하나님께서 주신 건강으로 여전히 강단에 서시고 말씀을 전하십니다. 강단에 서 계신 아버지의 모습은 참으로 당당하고 존귀합니다. 우리가 보기에도 이리 좋은데, 하나님께서 보시기에는 얼마나 기쁘실까요.

욕심 없이 목회하시고, 주님 앞에서 아름답게 살아오신 아버지.
그 모든 영광을 하나님께 올려드리신 아버지.

아버지, 사랑합니다.

아버지, 존경합니다.

오래오래 건강히 사시며, 우리 자녀들의 희망으로 계셔주세요.

故 정종국 목사님 전기

아버지와의 대화를 바탕으로 정리한 글

– 둘째 딸 정현숙 권사

정종국 목사님(1918년 12월 25일 음력 2월 9일)은 경기도 장단군 대강면 국화동에서 부친 정재호 장로와 모친 고영숙 권사 사이에 3남 2녀 중 막내로 태어나셨다. 할아버님께서는 국화동 마을 이름을 직접 지으시고, 사랑채를 교회 예배처소로 삼아 가족과 마을 주민들과 함께 신앙생활을 하셨다. 당시 교인은 가족과 이세진 목사, 그리고 마을 주민 두 분뿐이었으나, 할아버님께서 직접 예배를 인도하며 기초를 다졌다.

국화동 교회는 할아버님이 건축하였으며, 주일에는 예배당으로 사용하고 평일에는 학교로 운영하여 마을 어린이들을 가르쳤다. 선생님을 집에 모시고 두며, 농사와 이웃 사랑을 실천하였고, 온 가족이 독실한 신앙인으로 평생을 살아가셨다.

정 목사님은 13세까지 국화동에서 성장하다가 14세부터 강산면으로 이주하였다. 22세 때 대강면 우륵리에 살던 강영숙 사모와 중매로 결혼한 후, 왕증면으로 거처를 옮기셨다. 사모님은 강만흠 장로와 김화자 권사 사이에서 둘째로 태어나셨다.

신학교 재학 중에는 가족과 함께 임진강을 건너 고향을 방문하여 할머님의 회갑을 준비했으나, 이질로 병중이셨던 할머님은 임종을 앞두고 계셨다. 할머님께서는 미리 임종 시기를 알리시고, 가족들과 준비하며 평안히 하나님 품으로 가셨다. 임종 때 정 목사님은 천사들이 내려와 찬송가 '하늘 가는 밝은 길이'를 부르며 할머님을 인도하는 환상을 보았다고 회고하셨다. 할머님은 61세로 생애를 마감하셨다.

입관 예배는 막내인 정 목사님이 주관하였으며, 발인과 하관 예배는 목사님이 인도하였다. 할머님의 신앙은 일상 속에서 기도와 찬송으로 늘 살아 있었으며, 이 신앙의 유산은 후대에 깊은 귀감이 되었다.

목회 사역을 향한 결심은 어린 시절 할아버님 사랑채에서 드리던 예배와 전도집회 경험에서 비롯되었다. 당시 목사님들이 대전도집회를 위해 차가 들어갈 수 있는 길을 물으셨는데, 예수님도 차를 타고 다니지 않으셨다는 생각에 '남들이 가지 않는 길'로 복음을 전해야겠다고 다짐하게 되었다. 이후 정 목사님은 그 뜻을 따라 길이 닿지 않는 곳을 찾아 복음을 전하는 사역에 힘쓰셨다.

신학 공부를 결심하게 된 계기는 조기선 목사의 집회 참석이었다. 이후 서울 서대문구 충정로에 마련한 집에서 가족과 함께 신앙생활과 목회를 이어가셨다.

정 목사님과 사모님은 다섯 자녀를 두셨다.
장남 춘수(春洙)
장녀 정수(貞洙)
차남 봉수(鳳洙)
차녀 현숙(賢淑)
삼남 현수(賢洙)

목회지는 한국 내 여러 섬과 지역을 섬기셨다.
용호도, 어화도, 용유, 장봉, 성덕, 대부, 군자 등지에서 목회하셨으며, 미국에서는 캔턴, 뉴욕, 클리브랜드(오하이오) 지역에서 목회하셨다.
전쟁과 격변의 시대를 살며 6·25 전쟁과 피난, 1·4 후퇴를 경험하였고, 3·1 독립운동의 정신과 8·15 광복의 역사적 의미를 품고 복음 전파에 헌신하셨다.

정종국 목사님의 생애는 '남들이 가지 않는 길'을 담대히 걸으며 하나님 나라 복음을 전한 헌신과 사랑의 여정이었다. 그의 신앙과 삶의 유산은 17주기 추모를 맞아 더욱 깊은 감동과 감사로 기억된다.

시아버님이신 故 정종국 목사님

인연은 신기한 자연/인간/문화 유산입니다.

"아버지가 목사인데 아들도 목사이면 ~~~ 근데 가난해서 ~~~,
허나 너라면 헤쳐나갈 수 있을거야."
학장님의 말씀으로 아버님과의 첫 인연의 끈이 맺어졌더랬습니다.

미국에 오시어 오하이오주에서 함께 살 때였습니다.
아버님은 뉴욕의 옛 친구를 만나고 싶어 하셨습니다.
허나 아드님은 짬을 낼 수 없었습니다. 저는 시장 오갈 때나 운전
대를 잡아 본 운전 초보생이었습니다.
자원해서 뉴욕으로 가는 8시간 장거리 여행 내내 운전석 옆 자리
에서 안전대를 늘 붙잡고 계셨는데 며느리의 졸음없는 운전이 얼마
나 중요했었겠어요. 이런 저런 이야기를 많이 나누어 주셨습니다.
나중에 알고보니 좀처럼 말씀이 적으신 분이셨습니다.

1박 3일의 뉴욕 여행은 예외적으로 소중한 대화의 기회였습니다.
제가 아버님을 이해하는데 큰 도움이 되었던 계기가 되기도 했습
니다.

맥도날드 햄버거를 아주 맛나 하셨습니다.

코카 콜라도 좋아하셨습니다.

토마토에 설탕 뿌려 드시고 간식을 즐겨하셨고 소식(小食)을 하셨습니다.

그리고 손주들을 위한 기도에는 '이 세상에 꼭 필요한 지도자가 되라'는 내용이 늘 담겨져 있었습니다.

아버님과 성경책은 붙박이였습니다.

개신교에서 사용하는 성경은 구약 39권과 신약 27권 안에 구약 929장, 신약 260장으로 총 1,189장으로 구성됩니다.

그런데 어떤 주제나 내용이 성경 어디에 있는지 놀랄 정도로 척척 박사이셨습니다.

목사님들 가운데 이런 분이 몇분이나 계실까요.

저도 도움을 많이 받았습니다.

이 책에 수록된 설교 내용은 그러한 아버님의 사상과 삶이 그대로 묻어나고 있습니다.

아버님의 설교집은 가족의 유산이자 인연의 끈이 될겁니다.

자부 함정례 (UMC 원로목사)

아버지와 마지막 시간을 함께 하며

아버님께서 소천하시기 하루 전, 직접 써 두었던 글입니다.
아버님 영정 앞에 꿇어 엎드려 이 글을 올리니 가슴이 먹먹해옵니다.

한국에 계시던 아버님께서 노환으로 위독하시다는 소식을 듣고, 추수감사절인 11월 27일, 저는 샌프란시스코에서 아시아나 항공편을 타고 고국 방문길에 올랐습니다.
아버님께서 90세 9개월을 사셨으니 이제는 떠나실 때라 생각하면서도 마음은 복잡하기만 했습니다.

야곱의 고백처럼 참으로 험난한 인생길을 걸어오신 분이셨습니다.
한일합방으로 나라 잃은 슬픔 속에 태어나 청소년기를 보내셨고, 애국가를 부르다 일본인 선생에게 왼쪽 귀가 먹먹할 만큼 뺨을 맞았던 일이 평생 한으로 남아 일본 물건과 음식을 멀리하셨습니다.
해방의 기쁨도 채 누리지 못한 채, 스물일곱 젊은 나이에 폐결핵으로 사형선고를 받으시고 죽음의 문턱을 경험하셨습니다.
그때 기도하셨습니다.
"만약 나의 생명을 소생시켜 주신다면, 일평생 남이 가지 않는 곳을 찾아다니며 복음을 전하겠습니다."

그 기도의 응답으로 회복의 기적을 체험하셨습니다.

하나님께 서원한 대로 황해도 옹진 용호도란 섬으로 첫 목회를 나가셨고, 6·25 한국전쟁을 겪으며 휴전선 너머 비무장지대 안에 있는 고향 땅을 다시는 밟지 못하는 실향민이 되셨습니다.

홀로 남은 이산가족의 아픔은 평생 그리움으로 남았습니다.

25년여 미국 생활 중에도 한 번이라도 고향 땅을 밟고 싶다 하시며, 임종을 앞둔 고국에서 생을 마감하셨습니다.

"내가 죽거든 고향 부모님 산소 밑에 묻어 달라." 하셨지만 "아버지, 통일되어 자유롭게 오고 갈 수 있을 때는 몰라도 어머니가 묻히신 뉴욕으로 돌아가셔야 하지 않겠습니까?" 하니 고개를 끄덕이셨습니다.

아버님의 손을 꼭 붙잡고 저는 불효의 기도를 드릴 수밖에 없었습니다.

하나님, 당신께서 노종을 치유하시고, 당신의 위대하신 이름을 이 땅에 전하는 도구로 사용하셨음을 믿습니다.
치유와 회복의 하나님을 의심하지 않습니다.
그러나 당신의 독생자를 십자가에 죽게 하시고, 부활의 영광을 주서서 우리에게 영원한 삶을 소망케 하셨음을 기억합니다.

당신의 노종이 여기 누워있습니다.

이제는 당신 곁으로 가실 시간이 가까워졌음을 압니다.

고통 없이 평화롭게 영원한 하나님 나라를 상속받게 하소서.

회복을 위한 기도를 드리지 못하고 평화를 기도하는 불효를 용서하소서.

아버지의 마지막 생애가 당신께 영광이 되고, 많은 이에게 위로와 용기가 되게 하소서. 아멘.

30년 가까이 목회를 하시다 은퇴하신 군자감리교회 담임목사님과 장로님들이 방문하셨습니다.

"목사님, 이제 돌아가시면 교회장으로 장례를 모시겠습니다."

"왜 교회에 폐를 끼치나. 나는 조용히 가족장으로 지내고 싶다."

"목사님, 저희를 신앙으로 키워 주시고, 결혼 주례도 해주시고, 아이들의 이름까지 지어주시지 않으셨습니까? 마지막 가시는 길을 저희가 모시게 해 주십시오."

장로님들의 간청에도, 교회에서 장례를 치르더라도 떠들썩하지 않게 조용한 예배를 부탁하셨습니다.

인간의 생사화복은 하나님께 속한 것이니, 그분 뜻을 기다릴 뿐입니다.

이미 의사는 아무 처방도 하지 않는 상황이었고, 물 한 모금으로 하루하루 생을 이어 가시는 동안에도, 아버님은 옆에서 찬송을 불러 달라 하셨습니다.

"내 주 예수 주신 은혜 한없건만
내 주 앞에 이 적은 것 다 드리니
주 예수여 내 정성을 받으소서.

주 예수께 빚진 것이 한없건만
나 주 위해 드린 것은 참 적으니
주 예수여 너그럽게 보옵소서. (찬송가 353장, 새317장 1, 3절)

평온함이 아버님의 얼굴에 가득했습니다.
아버지와 마지막 시간을 함께 하며, 더 깊고 넓게 아버지의 삶을 들여다봅니다.
이 시간은 슬픔 가운데서도 저에게 주신 은총임을 고백합니다.

2008년 12월 4일 새벽
정봉수

추모글 (교인)

내 아버지여 이스라엘의 병거와 마병이여

– 김춘섭 목사

아래 글은 아버님의 장례식에 추모사를 하셨던 김춘섭 목사께서 감리교 홈페이지에 있는 교역자 게시판에 올려 놓으신 글을 옮긴 것입니다.

· · ·

월요일인 8일은 한 원로 목사님의 장례식이 있었습니다. 고 정종국 목사님은 1918년 12월 25일에 태어나시어 31세에 목회를 시작하여 시흥지방 군자교회에서 27년으로 목회를 끝내시고 1985년 자원 은퇴하셨습니다. 추모사를 하셨던 조화순 목사님의 말씀처럼 아무 것도 가진 것이 없이 두 아드님이 있는 미국으로 이민 길을 오르신 데는, 교회와 후임자에 대한 배려 그리고 세상적인 모든 것들을 초월한 그분의 자유로움이 있었기 때문입니다. 조 목사님은 수많은 선후배 목사님들이 많지만 이 분 한분에게만은 진정으로 '목사님'으로 불렀다고 하시며 눈시울을 붉혔습니다.

제가 목사님을 처음 뵌 것은 정봉수 목사님이 목회하시던 오하이오 클리브랜드의 우리교회 집회 때였습니다. 목사님의 인격과 목회자로서의 삶을 여러 선배님들을 통하여 어느 정도 들어서 알고 있는 저로서는, 비록 교인들을 위한 신앙집회였기는 했지만, 목사님이라는 존재를 인식하지 않기가 어려웠습니다. 당시 정봉수 목사님이 개인적으로 발행하시던 〈우리이야기〉라는 소책자에 〈빌립보서 강해〉를 싣고 계셨고, 고귀한 목회철학으로 어우러진 그 말씀들이 고요한 울림으로 가슴을 치고 있었기에 말씀을 전하는 저로서는 제 존재가 여간 작게 느껴지지 않았습니다. 큰 아드님 고 정춘수 목사님을 먼저 가슴에 묻으시고, 그 뒤를 이어 목회의 길에 들어선 둘째 아들을 바라보시며 기도하시던 때였습니다.

목사님에 대한 추억은 따뜻한 마음으로 잡아주시던 세 번의 손길이었습니다. 첫 번째는 매 집회 시간이 끝날 때마다 고맙다면서 꼭 잡아주시던 손길이었습니다. 그 손길은 다른 어떤 것보다도 더 강력하게 저의 마음을 파고들었습니다. 전한 말씀 그대로 잘 살라는 격려의 마음으로 가슴에 새겨졌기에 다시 원고를 보면서 스스로를 다짐을 했던 기억이 있습니다.

두 번째의 손길을 그로부터 며칠 지나지 않은 날입니다. 아니 매일매일 잡아주시던 그 손길의 연속이었습니다. 집회를 마치고 돌아오던 날 아침, 목사님보다 먼저 하나님의 부름을 받으신 사모님께서 강사대접을 하신다면서 따뜻한 아침상을 준비하여 주셨습니다. 이미 불편하시어 부자유스런 움직이심에도 불구하고 주님의 종을 대접하시겠다는 그 뜨거운 심정을 잊지 못합니다. 그렇게 음식보다도 더 고귀한 정성을 먹고 목사님 댁을 나왔습니다. 추운 날씨였는데 승용차까지 걸어오셨습니다. 먼 곳까지 와주어서 고맙다며 두 손을 꼭 잡아주시던 그 따스함과 간절함이 참으로 유별나게 가슴을 파고들었습니다.

결코 나를 높이는 자가 아니라 그리스도만이 높아지셔야 하신다는 그리스도 중심의 신앙이나, 목회자는 그저 교인들과 함께 울고, 함께 아파하면서 살아야 하며, 힘들어도 주님을 기억하면서 목회와 삶의 자세를 결코 흐트리지 말아야 한다는 그런 철저한 가르치심으로, 목회하는 아드님의 모습을 지켜보시면서 눈물 흘려 기도하시던 모습을 어찌 모르겠습니까! 그 마음을 기억하니 새삼 저의 손을 잡아주시던 그 힘은 아드님에게 던지시던 말씀과 다름이 없이 그대로 저에게 전해왔습니다.

세 번째의 손길이 있습니다. 하나님의 부르심을 받기 전이신 바로 지난 3일(수) 오후에 목사님을 찾았습니다. 몇 번씩이나 고비를 이미 넘기셨던 지라 이미 지칠 대로 지치신 상태였지만 알아보시고 반가워하셨습니다. 그때 오른손으로는 제 손을 잡으셨고, 또 왼손으로는 둘째 아드님의 손을 잡으셨습니다. 그 자리에서 감히 목사님의 마음을 읽으면서 하나님께 드렸던 기도를 기억합니다.

"하나님, 주님의 종으로 한 평생을 사시고 먼저 아내를 하나님 편으로 보내시고 이제 마지막 남은 호흡을 하시는 주님의 종 정종국 목사님을 보고 계시는 줄 압니다. 주님, 목사님을 통하여 하시고자 하셨던 일들은 이미 다 이루셨다고 저는 생각합니다. 목사님도 이제 그런 마음을 안고 주님의 마지막 부르심을 기다리고 있습니다. 우리 목사님이 편히 쉴 수 있도록 허락하여 주옵소서."

짧지만 간절한 마음으로 기도했습니다. 아멘과 함께 목사님은 "고맙네" 하시며 기도하는 저의 손을 지금까지 잡아주셨던 어떤 손길보다도 가장 강하게 한참동안 잡아주셨습니다. 마지막 한 마디 말씀과 함께 꼭 잡아주시던 그 손길을 기억합니다.

너도 이런 모습으로 나를 따라 오라는 주님의 명령처럼 들렸습니다. 주님만이 높아지시고 우리는 이름 없이 빛도 없이 그렇게 찬송처럼 살다가 가면 그것으로 된다는 것을 마지막까지 저에게 가르쳐 주셨습니다.

지금도 그 세 번의 따스하고도 강한 그 목사님의 손길이 저의 마음 깊은 곳에서 귀하게 남아 있습니다. 저도 언젠가 누군가의 손을 그렇게 잡아주고 싶습니다.

승천하는 스승 엘리야를 향하여 "내 아버지여 내 아버지여 이스라엘의 병거와 그 마병이여” 하면서 부르짖던 엘리사의 소리를 기억합니다. 목사님께서 따스하게 그리고 강하게 잡아주셨던 그 마지막 손길은, 마치 엘리야의 겉옷처럼 목사님의 뒤를 따라가는 아드님 정봉수 목사와 함께 저에게 목사님이 가지셨던 그 갑절의 영감을 받는 시간이었습니다.

목사님께서 굳게 잡아주셨던 그 손길을 기억하면서 제 목회 자세와 삶의 길을 다시 가다듬는 각오를 가지는 날이었습니다.

목사님의 한 말씀, 제 인생의 등불

– 문영배 장로(감리교 사회평신도국 총무)

제가 열 아홉 살이 되던 해의 일입니다. 교회 당회에서 총각 집사 세 명을 공천했는데, 당시 80년 역사를 가진 교회에서 매우 드문 결정이었습니다. 정종국 목사님은 일을 쉽게 판단하거나 감정적으로 처리하시는 분이 아니셨습니다. 공사(公私)가 분명하시고, 모든 일에 신중하셨습니다. 그런 목사님의 선택이었기에 장로님들께서도 기꺼이 받아들이셨습니다.

그런데 그중 한 사람은 아직 스무 살도 되지 않은 청년이었습니다. 그때 목사님께서 환하게 웃으시며 말씀하셨습니다.

"그러면 1년은 서리집사로 하면 되지요!"

그 한마디로 저는 열아홉 살에 집사가 되었습니다. 호적 나이로는 열일곱이었습니다.

1970년대 말, 반월공단이 들어서고 도시화가 빠르게 진행되던 시절, 군자교회는 도시와 농촌의 경계에 있었습니다. 도시 가까운 교회는 부흥했고, 시골 교회는 젊은이들이 떠나 노령화되고 있었습니다. 그 사이에서 군자교회는 안산 지역에 여섯 개의 속회를 두며 꾸준히 성도들이 모여들었던 교회였습니다.

그 도시화의 빛과 그림자 속에서, 정종국 목사님은 평생을 교회와 성도들만을 위해 사셨습니다. 어느 날 목사님 방문 뒤편을 보았는데, 교인 한 분 한 분의 신앙생활과 헌금 생활이 도표로 정리되어 있었습니다. 성도들을 위해 더욱 간절히 기도하시기 위해, 본인만 보실 수 있는 자리에 붙여두셨던 것이었습니다. 목사님의 목양의 마음을 보여주는 장면이었습니다.

목사님은 1959년 부임하셔서 27년 동안 군자교회를 섬기셨습니다. 믿지 않는 이웃들도 임종이 가까우면 모두 목사님을 찾았고, 시신을 수습하는 일까지도 도맡아 하셨습니다. 결혼식 주례도 대부분 목사님이 맡으셨습니다. 교회와 마을이 자연스럽게 이어져 있던 시절, 목사님은 마을의 아버지와 같은 분이셨습니다.

1980년 새 성전을 건축할 때, 마을의 모든 가정이 돌을 나르고 모래를 지며 힘을 보탰습니다. 이는 목사님에 대한 깊은 신뢰와 존경이 없었다면 불가능한 일이었습니다.

목사님은 후임 목회자에게 조금도 어려움을 주고 싶지 않다며 조기 은퇴를 선택하시고 조용히 교회를 떠나셨습니다. 그런데 어느 날, 총각이었던 저를 심방 오셨습니다. 출애굽기의 모세 이야기를 들려주시며 이렇게 말씀하셨습니다.

"모세는 120년을 살았는데, 40년은 세상에서, 40년은 광야에서, 마지막 40년은 하나님을 위해 살았지요. 문영배 집사는 모세처럼 대기만성할 사람이니, 믿음 생활을 잘 이어가도록 하세요."

그 말씀은 지금도 제 마음속에 깊이 남아 있습니다. 이후 삶에서도 "주님이 저를 어디로 이끄실까"를 묵상하며 살아올 수 있었던 이유입니다.

제가 본부 총무로 임명되었을 때, 가장 먼저 떠오른 것도 목사님의 이 말씀 때문이었습니다. 아드님이신 정봉수 목사님께 임명 소식을 전했을 때, 처음에는 믿지 못하시는 듯했습니다.

"시골교회 장로가 어떻게? 인맥도 없는데?"

주변에서도 총무는 정치적 선택이 필요한 자리라 쉽지 않을 것이라고 했습니다. 저 역시 그 자리를 꿈꾼 적이 없었습니다. 그저 주님께 맡겨드렸습니다. 지나고 보니 모든 과정이 주님의 인도하심이었고, 목사님이 기도해 주신 대로 이루어진 것임을 깨닫습니다.

목사님은 청년들에게 특별한 관심을 가지고 신앙관을 세우도록 직접 이끌어 주셨습니다. 지금의 군자교회는 그때의 청년들이 함께 성장하며 이뤄낸 교회입니다. 교회의 역사에는 목사님에게서 비롯된 많은 것들이 선명하게 남아 있을 것입니다.

목사님께서 미국에서의 긴 생활을 마치고 한국에 돌아오셨던 시절, 지금처럼 은퇴 목회자를 예우하는 문화가 자리 잡기 전이라 충분히 모시지 못했던 것이 지금도 아쉽습니다. 당시 저는 부모님을 모시고 어린 자녀들을 돌보느라 여유가 없었지만, 그래도 청년들과 함께 일 년에 두 번 정도 목사님을 모시고 식사하며 옛 이야기를 들었습니다. 목사님은 늘 밝은 얼굴로 목회 시절의 추억을 들려주셨습니다.

오늘도 군자교회와 지역에서는 목사님을 기억하며 그 헌신을 잊지 않기 위해 노력하고 있습니다. 세월이 흐르면 많은 것이 잊혀지지만, 한 교회와 지역 사회의 오늘이 있기까지는 반드시 누군가의 눈물과 희생이 있었습니다. 목사님의 헌신 역시 오래도록 기억될 것입니다.

목사님, 그립습니다.
천국에서 평안히 안식하고 계시기를 바랍니다.
남은 일을 마친 후 천천히 찾아뵙겠습니다.

문영배 장로

故 정종국 목사님 17주기를 맞이하며

– 박정수 권사

원로목사님은 제 어린 시절 가장 첫 기억 속에 각인된 목사님이십니다.

제 머리에 손을 얹어 세례를 베푸셨던 분, 그리고 목사님이기 이전에 가까운 친척 할아버지처럼 인자함과 관심, 사랑을 아낌없이 베풀어 주셨던 분이십니다.

그 은혜를 늘 감사한 마음으로 간직하며 살아가던 중, 이번에 엮어진 책을 통해 여전히 살아 계신 것처럼 생생한 목사님의 설교 말씀을 다시 접하게 되어 큰 기쁨에 사로잡혔습니다.

책 속에 소개된 내용들은 하나님 안에 깊이 뿌리내린 삶이 어떤 안정과 확신을 주는지를 차분하고 온화하게 풀어줍니다. 우리가 흔들릴 때마다 어디로 되돌아가야 하는지를 분명하게 일깨워 주시는 말씀이라 더욱 은혜롭게 다가왔습니다.

또한 하나님께서 우리를 빚어 가시는 시간들을 '은혜의 과정'으로 바라보게 하는 목사님의 통찰을 통해, 각자의 광야 같은 삶 속에서도 믿음으로 이겨내는 방법을 새롭게 배우게 되었습니다.

나아가 일상의 작은 순간 속에서도 발견되는 하나님의 손길을 보여주심으로, 매일의 삶에 동행하시는 하나님의 깊은 섭리를 다시 깨닫게 되었습니다. 공동체의 힘, 그리고 작은 섬김이 만들어 내는 변화의 아름다움 또한 마음 깊이 새길 수 있었습니다.

고인이 되신 지 17주기를 맞아 목사님의 신앙 여정과 말씀을 다시 떠올릴 수 있음에 감사드리며, 존경과 이상을 삶으로 보여 주신 목사님을 새롭게 확인하는 시간이었습니다.

언젠가 천국에서 목사님을 다시 뵐 그 날,
"참 잘 살았다"는 칭찬을 들을 수 있는 삶을 살아가겠습니다.
그것이 원로목사님께서 가르쳐 주신 길을 따른 삶임을 전해 드리리라 소망합니다.

2025년 12월 1일

사랑과 겸손을 가르쳐 주신 정종국 목사님

군자 OB 박현숙(현) 양광교회 권사

제 기억 속의 정종국 목사님은 늘 기도와 말씀 가운데 거하시던 분이셨습니다. 눈이 편치 않으셨음에도 커다란 성경책을 펼쳐 오래도록 읽으시던 모습이 선합니다. 안경을 고쳐 쓰시며 말씀을 더듬듯 천천히 읽어 내려가시던 장면, 제가 찾아가면 반갑게 이름을 불러 주시며 성경 이야기를 들려주시던 따뜻한 음성이 지금도 마음에 남아 있습니다.

목사님께서는 성도들이 스스로 성경을 펼쳐 읽도록 이끄셨고, 한 사람에게 치우치지 않도록 모두에게 고루 기회를 주셨습니다. 그 세심한 배려 속에서 우리는 자연스럽게 말씀 앞에 서는 법을 배웠습니다. 주님의 뜻대로 살고자 몸부림치시던 그 진지한 모습이 지금도 또렷합니다.

특별히 목사님과 사모님께서는 부모님이 교회에 나오지 않던 자녀들을 더욱 살뜰히 챙겨 주셨습니다. 밥때가 되면 보이는 사람마다 불러 함께 식사하셨고, 그 자리는 언제나 가족 같은 따뜻함이 있었습니다. 목사님과의 식사가 부담스러울 법도 했지만 늘 편안하게 대해 주셔서 우리는 웃으며 식탁에 앉을 수 있었습니다. 식사 기도 때마다 우리가 먹는 음식 앞에 부끄럽지 않은 삶을 살게 해 달라고 기도하셨고, 어려운 이웃과 북한 동포들을 위한 간구도 빼놓지 않으셨습니다. 그 기도의 울림은 지금도 제 마음 깊은 곳에 남아 있습니다.

사모님의 음식 솜씨 또한 많은 이들의 기억 속에 남아 있을 것입니다. 저는 그중에서도 식혜와 만두 맛을 잊지 못합니다. 교회 마당에서 놀고 있으면 목사님께서 부르시곤 했고, 계단을 뛰어 올라가면 그 시절 귀했던 컵라면을 하나씩 내어 주셨습니다. 그때의 컵라면은 단순한 음식이 아니라 사랑의 맛이었습니다.

저는 목사님과 사모님께 '우리 작은 현숙'이라 불렸습니다. 막내 따님과 이름이 같다는 이유였습니다. 그 한마디 호칭 속에 담긴 정과 사랑은 어린 제 마음에 오래도록 남았습니다.

목사님께서 조기 은퇴 후 미국에 계실 때도 고민이 생기면 편지를 드리곤 했습니다. 그러면 목사님께서는 늘 이렇게 말씀하셨습니다.
"현숙아, 성경 몇 장 몇 절에 이런 말씀이 있단다."
언제나 해답은 성경 말씀이었습니다. 다른 무엇이 아니라 말씀으로 길을 열어 주셨고, 우리는 그 말씀을 통해 어떻게 살아야 하는지를 분명히 배웠습니다.
소천하시기 전 인천에 계실 때 문병을 갔던 자리에서, 목사님께서는 제게 한 가지 부탁을 하셨습니다. 자신의 분향소와 관 위를 예쁘게 꽃꽂이해 달라는 말씀이었습니다. 아마도 제가 꽃꽂이를 하고 있었기 때문일 것입니다. 저는 그 부탁을 마음에 새기고, 분향소는 단정하게 정성껏 꾸미고 관 위에는 빨간 장미로 하트 모양을 장식해 드렸습니다. 마지막 길을 배웅하며 올려 드린 그 꽃 한 송이 한 송이에는 목사님을 향한 감사와 사랑을 담고자 했습니다.

그리고 그 자리에서 목사님께서는 제게 이렇게 당부하셨습니다.
"겸손해라."

그 말씀의 의미를 저는 한동안 깊이 알지 못했습니다. 그러나 시간이 흐른 뒤 깨닫게 되었습니다. 겸손이란 내 뜻대로 결정하는 것이 아니라, 작은 일에도 큰 일에도 먼저 기도하는 삶이라는 것을 말입니다.

목사님께서 28년간 목회하셨던 군자교회에서 천국환송 예배를 드릴 때, 조사 중에 "진정한 성자"라는 표현이 나왔습니다. 그 말에 깊이 공감했습니다. 기도로 본을 보이시고, 말씀으로 길을 여시며, 기회를 통해 사람을 세워 가셨던 분. 정종국 목사님은 그렇게 우리의 신앙을 조용히, 그러나 깊이 빚어 주셨습니다.

어릴 적에는 잘해 주는 것이 사랑의 전부인 줄 알았습니다. 그러나 철이 들고 나서야 알게 되었습니다. 믿음에서 벗어나려 할 때 그냥 두지 않으시고, 때로는 엄히 권면하시며 바른 길로 이끌어 주셨던 것이 진정한 사랑이었다는 것을 말입니다. 그것은 하나님께서 우리를 사랑하시는 방식과도 닮아 있었습니다.

이제는 목사님께서 삶으로 보여 주신 신앙의 길을 우리의 걸음으로 이어 가고자 합니다. 그분이 사랑하셨던 말씀을 붙들고, 몸으로 증언하셨던 주님을 따라 살아가겠습니다. 겸손히 기도하며, 나누고 베풀기를 기뻐하는 사람으로 기억되기를 소망합니다.

2026년 2월에

설날 끝자락에서 떠올린 목사님

최태진 집사

2026년 설 연휴, 가족들이 한자리에 모여 떡국을 나누고 정성껏 준비한 음식을 함께 먹으며 즐거운 시간을 보냈습니다. 민족의 대명절 연휴가 끝나가는 오늘, 조용해진 집 안에서 문득 목사님을 떠올리며 이 글을 씁니다.

제가 예순두 살이 된 지금도 초등학교 2학년 때부터 뵈었던 목사님의 모습과 그 시절 교회의 기억은 여전히 선명합니다. 형편이 넉넉하지 않았던 시절, 교회는 단순한 예배의 공간을 넘어 배움과 놀이가 함께 이루어지던 공동체였습니다. 필요한 학용품을 나누어 주었고, 공부할 수 있는 공간을 내어 주며 성장 과정에 있던 저를 끝까지 품어 주셨습니다.

교회 지하실에서 공부하던 시간도 잊을 수 없습니다. 사모님께서 끓여 주셨던 라면과 김치 맛은 지금까지도 기억에 남아 있습니다. 그때의 라면은 단순한 식사가 아니라 배움의 시간을 이어 갈 수 있도록 배려해 주신 따뜻한 마음이었습니다.

목사님께서 자주 말씀하셨던 교회의 역할도 아직 제 마음에 남아 있습니다.

첫째는 친교, 둘째는 교육, 셋째는 봉사.

교회는 스스로를 위한 조직이 아니라 사람을 세우고, 이웃을 돌보며, 사회 속에서 책임을 감당하는 공동체여야 한다고 하셨습니다.

성도들이 함께 산에 올라 돌을 주워 나르며 교회를 세웠던 기억 또한 잊을 수 없습니다. 교회가 누구 한 사람의 소유가 아니라 모두의 헌신 위에 세워진다는 사실을 몸으로 가르쳐 주신 시간이었습니다.

오늘의 한국교회를 떠올리면 개인적으로 작은 아쉬움도 느끼게 됩니다. 교회가 커진 만큼 이웃과의 거리는 더 가까워졌는지, 말씀이 삶으로 이어지는 모습은 여전히 충분한지 스스로 묻게 됩니다. 아마도 그것은 목사님께서 보여 주셨던 교회의 모습이 제 마음에 깊이 새겨져 있기 때문일 것입니다.

목사님은 제 삶 속에서 여전히 조용한 스승으로 남아 계십니다. 신앙을 가르치신 분이기 이전에, 한 사람이 어떻게 살아가야 하는지를 삶으로 보여 주신 분이셨기 때문입니다.

설 연휴의 마지막 날, 가족의 웃음이 아직 집 안에 남아 있는 이 시간에 목사님을 떠올리며 마음 깊이 감사의 인사를 드립니다. 목사

님께서 제게 베풀어 주신 사랑과 가르침을 오래도록 간직하며 살아
가겠습니다.

2026년 2월 18일
최태진 드림

고(故) 정종국 목사님을 추모하며

송수아 권사

사랑하고 존경하는 정종국 목사님을 떠나보낸 지 어느덧 17년의 시간이 흘렀습니다. 그러나 목사님을 향한 그리움과 감사의 마음은 여전히 제 가슴 깊은 곳에서 잔잔히 흐르고 있습니다. 이 마음을 담아 조용히 추모의 글을 올립니다.

목사님께서는 어린 시절부터 늘 가까이에서 뵈어 온 분이셨습니다. 제가 국민학교에 다니던 시절부터 한결같이 강단을 지키시며 군자감리교회를 섬기시던 모습은 지금도 또렷이 떠오릅니다. 어린 제 눈에 비친 목사님은 언제나 온화하고 인자하셨으며, 따뜻한 미소로 성도 한 사람 한 사람을 품어 주시는 목자이셨습니다.

작은 시골 교회였던 군자감리교회는 목사님의 사랑과 헌신 속에서 점차 자라나 든든히 세워졌습니다. 교회 건축이 시작되던 날들, 성도들이 벽돌 한 장씩을 들고 모여들던 모습은 지금도 우리의 마음에 깊이 새겨져 있습니다. 그 벽돌 하나하나에는 목사님의 기도와 믿음, 그리고 교회를 향한 뜨거운 사랑이 스며 있었습니다. 목사님께서는 건물을 세우신 것이 아니라 사람을 세우셨고, 믿음을 세우셨습니다.

목사님의 사역을 통해 마을에는 복음이 전해졌고, 많은 이들이 주님을 알게 되었습니다. 작은 시골 마을이 복음으로 물들어 갔던 일은 결코 우연이 아니었습니다. 그것은 목사님의 끊임없는 기도와 헌신, 그리고 삶으로 보여 주신 신앙의 본이 있었기에 가능했던 은혜의 열매였습니다.

목사님께서는 강단 위에서는 진리의 말씀을 담대히 선포하시고, 강단 아래에서는 누구보다 낮은 자리에서 성도들을 섬기셨습니다. 권위로 다스리기보다 사랑으로 품으셨고, 책망보다 이해와 기다림으로 사람을 변화시키셨습니다. 목사님의 삶 자체가 설교였고, 그 걸음 하나하나가 우리에게 믿음의 길을 가리키는 이정표였습니다.

어린 시절 저는 목사님의 등을 바라보며 신앙을 배웠습니다. 기도하시던 모습, 성도를 위해 눈물 흘리시던 모습, 한 영혼을 귀히 여기시던 태도는 제 마음 깊은 곳에 신앙의 씨앗으로 심겨졌습니다. 목사님께서는 교회를 이끄신 목회자를 넘어, 제 인생 속에서 신앙의 스승이시며 존경하는 어른으로 남아 계십니다.

이제는 육신으로 뵐 수 없지만, 목사님께서 남기신 믿음의 유산은 교회와 우리의 삶 속에서 여전히 살아 숨 쉬고 있습니다. 사랑과 헌신으로 세워진 교회, 기도로 다져진 공동체, 그리고 복음의 씨앗은 앞으로도 계속 자라나 새로운 생명의 이야기를 써 내려갈 것입니다.

우리는 목사님을 통해 사랑을 배웠고, 믿음을 배웠으며, 섬김이 무엇인지를 배웠습니다.

목사님께서 하늘의 평안 가운데 거하시기를 기도드립니다.

그리고 그 가르침을 기억하며, 우리 또한 그 길을 따라 살아가겠습니다.

2026년 2월 24일

송수아 권사

정종국 목사님을 추모하며

이일장 교우

내가 처음 정종국 목사님을 뵈었을 때 나는 세상 물정을 거의 모르는 시골 학생에 지나지 않았다. 고등학교 시절 친구 정봉수의 아버님이 바로 정종국 목사님이셨다. 그 인연으로 나는 주말이나 성탄절이 되면 군자교회를 자주 찾게 되었고, 그곳에서 목사님의 삶을 가까이에서 바라볼 기회를 얻게 되었다. 지금 돌이켜보면 그 시절의 만남은 내 삶의 방향을 깊이 흔들어 놓은 소중한 기억이었다.

정종국 목사님의 삶은 말 그대로 신앙 그 자체였다. 목사님의 하루는 언제나 새벽기도로 시작되었다. 아직 동이 트기 전 고요한 시간에 하나님 앞에 무릎을 꿇고 기도하시던 모습은 어린 내 마음에도 깊은 경건함으로 다가왔다. 기도를 마친 뒤에는 성경을 펼쳐 묵상하시고, 설교를 준비하기 위해 수많은 책을 읽으셨다. 목사님에게 말씀은 단순한 설교의 소재가 아니라 삶 그 자체였다. 그분의 신앙은 말이 아니라 삶으로 증명되고 있었다.

나는 고등학교 3년 동안 군자교회를 여러 차례 찾으며 목사님의 일상을 가까이에서 지켜볼 수 있었다. 교회와 성도들을 위해 자신을 온전히 내어놓는 목회자의 삶이 얼마나 무거운 책임과 헌신을 요구하는지 그때 처음 깨닫게 되었다. 그러나 목사님은 언제나 담담하고 평온한 얼굴로 그 길을 걸어가셨다. 그 모습은 나에게 깊은 존경심과 함께 신앙의 진정한 의미를 생각하게 했다.

성탄절이 되면 우리는 군자교회에서 새벽송을 돌았다. 찬송가를 부르며 마을을 돌던 차가운 겨울 새벽의 공기와 친구들과 함께했던 웃음과 설렘은 지금도 잊히지 않는 추억이다. 그 시절의 경험은 단순한 추억을 넘어 내 삶의 정신적 뿌리가 되었다.

청소년기의 신앙 경험은 내 삶의 태도를 형성하는 데 큰 영향을 주었다. 나는 기도할 때마다 다른 사람을 도울 수 있는 사람이 되게 해 달라고, 사랑하며 살아갈 수 있는 사람이 되게 해 달라고 하나님께 간구하곤 했다. 그리고 맡은 일을 성실히 하며 최선을 다해 살아가는 사람이 되기를 소망했다. 신앙은 나에게 삶을 긍정적으로 바라보는 힘을 주었고, 자신을 신뢰하며 미래를 향해 노력할 수 있는 용기를 주었다.

한때 나는 정종국 목사님의 권유로 신학대학 진학을 진지하게 고민한 적도 있었다. 그러나 목사님처럼 평생을 경건한 삶으로 살아갈 자신이 부족하다는 생각에 그 길을 선택하지는 못했다. 그럼에도 불구하고 목사님의 삶이 내 마음속에 남긴 울림은 지금까지도 사라지지 않았다. 언제나 기도하며 말씀을 연구하시던 목사님의 모습은 내 기억 속에서 여전히 선명하다.

사람의 마음 깊은 곳에서 경외감을 불러일으키는 것은 모두 종교적인 것이라는 깨달음을 나는 그 시절에 얻었다. 인간이 가장 척박한 곳에서 가장 깊은 진리를 발견하듯이, 신앙은 인간의 내면을 비추는 빛이 된다. 정종국 목사님의 삶은 바로 그 빛을 따라 걸어온 여정이었다.

이제 고인이 되신 목사님의 설교와 삶의 흔적을 한 권의 책으로 엮어 세상에 내놓는다는 소식을 듣고 나는 기쁜 마음으로 추천사를 쓰게 되었다. 이 책은 한 목회자의 설교를 모은 기록을 넘어, 하나님을 향한 한 사람의 진실한 삶을 증언하는 귀한 흔적이 될 것이다.

정종국 목사님은 우리 곁을 떠나셨지만, 그분이 남긴 말씀과 신앙의 향기는 여전히 많은 사람들의 마음속에서 살아 숨 쉬고 있다. 이 추모문집이 그 향기를 오래도록 전하는 작은 등불이 되기를 바란다. 목사님의 영원한 안식을 기도하며, 그 거룩한 삶을 깊은 마음으로 추모한다.

기억의 강을 따라

아버지와 함께 했던 기억은 마치 흐르는 강물과 같습니다.
항상 조용히 흐르지만 결코 마르지 않는 강.

말씀을 사랑했던 아버지,
말씀을 나눔으로 살았던 그 생애는 이제 글이 되어
우리에게 또 다른 삶의 빛이 됩니다.

이 문집이 누군가에게는 위로가, 또 누군가에게는 믿음의 격려가
되길 소망합니다.

편집자: 둘째 아들 정봉수 목사

말씀으로 남은 사람

초판 1쇄 인쇄 | 2026년 3월 20일
초판 1쇄 발행 | 2026년 3월 25일

지은이 | 정종국
편집인 | 정봉수
펴낸이 | 김용길
펴낸곳 | 작가교실
출판등록 | 제 2018-000061호 (2018. 11. 17)

주소 | 서울시 동작구 양녕로 25라길 36, 103호
전화 | (02) 334-9107
팩스 | (02) 334-9108
이메일 | book365@hanmail.net

인쇄 | 하정문화사

ⓒ 2026, 정종국
ISBN 979-11-91838-25-1 03230

＊책값은 뒤표지에 표기되어 있습니다.
＊잘못 만들어진 책은 구입처에서 교환해 드립니다.
＊이 책의 디자인엔 태나다체, Pretendard, KoPubWorld, 나눔고딕 서체를 사용했습니다.